知与行
高职院校规划设计研究

梁海岫 著

Know and Do

Planning and Design of Vocational Colleges

华中科技大学出版社
http://press.hust.edu.cn
中国·武汉

图书在版编目（CIP）数据

知与行：高职院校规划设计研究 / 梁海岫著. — 武汉：华中科技大学出版社，2023.9
ISBN 978-7-5772-0011-8

Ⅰ.①知… Ⅱ.①梁… Ⅲ.①高等职业教育-发展-研究-中国 Ⅳ.①G718.5

中国国家版本馆CIP数据核字(2023)第185814号

知与行——高职院校规划设计研究
Zhi yu Xing——Gaozhi Yuanxiao Guihua Sheji Yanjiu

梁海岫 著

| 出版发行： | 华中科技大学出版社（中国·武汉） | 电话：（027）81321913 |
| 地　　址： | 武汉市东湖新技术开发区华工科技园 | 邮编：430223 |

策划编辑：金　紫
责任编辑：周怡露
封面设计：金　金
责任监印：朱　玢

录　　排：华中科技大学惠友文印中心
印　　刷：武汉科源印刷设计有限公司
开　　本：787 mm×1092 mm　1/16
印　　张：12.25
字　　数：239千字
版　　次：2023年9月第1版第1次印刷
定　　价：68.00元

投稿邮箱：283018479@qq.com
本书若有印装质量问题，请向出版社营销中心调换
全国免费服务热线：400-6679-118　竭诚为您服务
版权所有　侵权必究

内容简介

本书梳理了高等职业教育院校的发展历程和教学特点，通过大量的案例调研和归纳总结，结合理论学习研究主线（知）和实践操作主线（行），提出了基于协同发展的高职院校规划设计策略。本书采用案例分析、理论推演、访谈调查等方法进行研究。

本书首先结合职业教育学回顾了当前高职教育途径，总结高职院校不同的发展特点，引入知与行协同发展的视角探寻高职院校规划与建设发展框架，从功能经济、校园形态、人文地域三个层面，论述了在规划设计、单体设计与建设发展方面的问题，提出相应的建设、设计与管理方面的策略。

高职教育与普通高等教育不同，前者是培养高技能操作性人才的教育培训机构，后者是培养研究型人才的机构。职业院校学生既要掌握实用的职业技能（即"行"），又要有扎实的学科基础和职业理论知识（即"知"）。规划设计中要考虑二者的协同发展才能满足高职教育的要求。高职院校发展趋势是学校与企业、社区的一体化。校园规划建设应围绕实训进行。高职院校园应拓展到外置实训基地、社区培训中心。规划设计应重视高职教育的内涵实质。

职教园区应以共享实训为中心，以产业为依托，教育与产业并行，形成相互依托聚集发展的优势。

单体设计应以实训中心为重点。应根据高职教学特点、学生特点、产业特点进行针对性的单体建筑设计。本书研究了近年高职院校发展中出现的新类型校舍，并研究了相关指标。

最后全书总结了高职院校规划设计策略群。

前言

职业教育是培养技术技能人才、促进就业创业创新、推动中国制造和服务实现高质量发展的重要基础。随着新工业化的推进与科技的发展，现代职业教育越来越成为国家竞争力的重要支撑。在今天，完善现代职业教育体系，力求在新一轮国际竞争中形成可持续的优秀人才和技术优势，是增强国家竞争力的战略选择。

我国加入世贸组织以来，职业教育获得了较快的发展，2022年修订的《中华人民共和国职业教育法》的颁布和《关于深化现代职业教育体系建设改革的意见》的出台，对党的十八大以来职业教育体系改革提出了"一体两翼五重点"的重大举措，探索省域职教体系建设新模式，打造行业产教融合共同体，推进产教融合，是现代职业教育的特征与趋势。加快产教的深度融合，从职业院校规划上要深刻理解职业教育的运作内涵。职业教育知识传授与经验获取的方针与普通高等教育不同，故本书从职业教育的特点提出从"知"与"行"两个方面研究职业教育院校规划设计的特点。求知才能践行，践行需要求知。知为行服务，行为知指路。职业教育重视学生的职业实践性和生产性，使学生明确知道怎么干，而普通高等教育则更重视学生的工程能力和研究创新能力。

本书从功能经济、校园形态及人文地域三个方面论述高等职业院校的规划，提出相应的建设、设计与管理方面的策略。本书分为四章。第一章论述了高职教育的发展历史，从知行交织的角度分析了职业教育院校的发展历程，研究了我国高职院校规划设计的相关规范与指标。第二章为高职院校整体规划设计，探讨了高职院校规划设计需要注意的问题，如功能分区、交通规划、景观设计等，也关注了在发展过程中校园建设规模、指标、选址的问题。第三章为高职院校单体设计，对职业院校的实训中心、图书馆、教学楼、学生宿舍设计逐一论述。第四章是规划建设趋势反思及总结，提出了推进校企合作、推进产教融合是高职院校发展的必然趋势，应加大对现代产业学院这一新校舍的研究力度。

本书希望能对我国高职院校规划设计起到抛砖引玉的作用。目前大学校园规划设计较少从教育学的角度分析校园组织运作的内在规律，反思设计的问题，本书结合职业教育的特点研究建筑单体、建筑群体的设计策略，提出可以修正的部分指标，认为设计应紧扣"知"与"行"的职教特点，职业教育在产教融合或校企合作方面建设趋势，都深刻地影响到职业院校整体规划设计与建筑单体设计，未来的职业院校校舍发展的趋势是围绕产教融合建设综合体。职业教育前途广阔、大有可为，在如何设计这类综合性、前瞻性的教育综合体方面，建筑师们也大有可为。

目录

第一章　高职院校——知与行的交织   1

  1.1　高职教育发展及研究综述   3
  1.2　我国职业教育院校发展历程   10
  1.3　高职院校动态发展分析   22

第二章　高职院校整体规划设计——局部大于整体   29

  2.1　总体规划理论   30
  2.2　规划子系统研究   44
  2.3　规模选址及指标   65
  2.4　高职院校改扩建   89
  2.5　新建高职院校规划   103
  2.6　职教园区的功能组成及规划   107

第三章　高职院校单体设计——功能优于形式   121

  3.1　高职院校建设与管理   122
  3.2　校舍建设趋势   128
  3.3　实训中心   134
  3.4　图书馆   165

3.5 教学楼 171
  3.6 学生宿舍 173

第四章　结语——规划建设趋势反思及总结 **177**
  4.1 校园建设过程及各方行为分析 178
  4.2 规划设计展望 182
  4.3 建设高质量发展的高职院校 185

参考文献 **188**

第一章

高职院校——知与行的交织

- 1.1　高职教育发展及研究综述
- 1.2　我国职业教育院校发展历程
- 1.3　高职院校动态发展分析

1999年，中国开始实施"科教兴国"战略，中国大学建设进入了一个高速增长期，从1998年高校数量1022所、在校学生360.76万，2021年全国共有高等学校3012所，其中，普通本科学校1238所；本科层次职业学校32所；高职（专科）学校1486所；成人高等学校256所，各种形式的高等教育在学总规模4430万人。中国高等教育在毛入学率指标上已经实现了大众化，在短时间内完成了发达国家和新兴工业化国家十几年甚至几十年的高等教育发展历程。截至2021年，大学校园建筑面积总量已经超过2.09亿平方米。当前大学校园建设速度已经接近平缓，大学建设与规划的研究更趋向于从"量"的增加转变为"质"的提升。当前大学校园的建设形势要求对大学校园建设与规划做更细致的研究，其中对占总校园数量超过50%的高职教育，更有必要对建设及规划做更深入、细致的研究。高职教育是同经济发展联系紧密的教育形式。经济社会的发展对高职教育的功能和结构不断提出新要求，专业建设、校园规划建设需要及时响应，从而建立一个同经济整体功能相适应的、比较完善的高职教育体系。

目前我国高等教育在校生人数占总人口的比例是3.8%。从这个数据来看，我国的高等教育扩招的过程还远远没有结束。美国、日本等发达国家高等教育在校生占总人口的比例为6%，如果参考这一数值，我国高等教育在校生规模应达到8000万人。因此，高等教育学校的研究持续深化和细化是未来的趋势。

在我国高等教育实现大众化的进程中，高职教育有着非常重大的意义。高职教育为实现进入大众化阶段的高等教育的效率与公平起到决定性的作用。高职教育经过十几年的快速发展形成了基本的教育框架体系，2021年独立设置的高职院校达到1070所，占普通高等学校的40%以上，满足了大众对高等教育的需求，在办学过程中产生了一批国家示范性高职院校，为中国高职教育办学模式提供了许多新观念、新模式。

中国高职教育目前的发展重点是加强职业导向和实践环节的教育体系建设，推行"教学一体化"模式，紧扣知识经济和信息时代的要求，实现学科交叉和融合，形成多元化的人才培养体系。强化学校与企业的合作，有助于实现我国高职教育的高质量发展。为了促进高职教育的发展，政府不仅加大了投入力度，还通过创新融资模式，加强了高职教育的基础设施建设，提升了教育的质量。此外，政府还引导企业参与高等职业技术学院的专业建设，积极推动高职教育与产业融合，助力区域经济的发展。PPP（政府和社会资本之间的合作）等方式也起到了促进高职教育发展的重要作用，为国家和地方的经济社会发展提供有力的支撑。

高职教育的资源配置、校园规划结构拓展应该结合城市产业经济发展及城市空间结构演变，并有利于城市经济结构的优化，以科研创新、服务区域经济来带动产业升级。高职院校需要根据区域产业发展的需求，为地方经济的繁荣发展提供有力支持。因此高职院校应与城市产业经济的发展密切结合，调查分析产业发展方向和人才需求，以确保资源配置与校园规划结构的拓展符合区域发展需要。

1.1　高职教育发展及研究综述

1.1.1　职业教育发展简述

1. 职业教育发展史简述

（1）古代萌芽时期。

在高等教育研究方面，早期的职业教育形态极少，因史料少，其形态已无从考究。欧洲中世纪的大学、早期的学徒制和行会等其他机构已经具备了职业教育的某些特点。中世纪的大学的基本目的就是专业（职业）教育，为社会提供经过良好训练的人才。到了文艺复兴时期，大学兴起的"人文教育"将精英教育与职业教育融为一体，文艺复兴时期是一个"商业、科技与人文科学奇妙地融为一体的时代"，职业教育在这一时期得到了延续。当社会分工更加细化时，控制行业的行会就出现了。行会的一个职责就是培训行业内需要的学徒，其中培训过程分为低级、中级、高级三个阶段，对应的是学徒、帮工与师傅。其中高级阶段已经具备高职教育的特点。与大学发展到成熟阶段相比，当时的高职并没有形成正规的院校，高职教育是零散的、不正规和不系统的。

在中国，官学教育体系建立于西周，职业教育一直伴随着学徒制，但专业技术教育活动历来被人们轻视，科技发展受到很多限制，没有产生学校性质的职业教育。中国士大夫阶层向来鄙视被斥为"奇技淫巧"的科学技术，中国古代的生计性职业教育基本上以家业父传、以师带徒的方式进行。唐朝才出现设官教民的教育形式，形成较稳定的培训制度。国家设置专门的技艺学校是为了培养职业技术官吏，如太医、天文官、太乐。在社会普遍轻视手工业者与商贩的风气下，技艺学校并未纳入官学和书院的正统教育。一直以来，科举制度就是中国古代教育选拔制度的核心。官学、私塾及书院的教育形态一直占据着统治地位，职业教育仅是一种培训机构，并非官方认可的教育体系，一直没有得到系统的发展。

（2）近代发端时期。

17、18世纪以来欧洲大学转向教学研究型的精英教育。这种古典精英教育并不适应新兴的资本主义工商业发展的环境，在城市人口不断增加的情况下招生人数反而越来越少。相应地，为了适应市场人才需求，职业教育学校则开始发展。直到19世纪上半叶，职业教育才进入了以学校为主的发展时期，逐渐形成典型的校园建筑形态。1820年英国创办初等职业学校；1860年德国将职业学校升级为工业大学，以提高工业生产效率，从而在欧洲平均工业生产率中独占鳌头，显示了大生产所派生的职业教育的强大生命力。之后社会分工细化，对职业教育不断提出新的要求，职业教育显示出向高端上移的态势。到了当代，这种教育层次的上移还在继续。

（3）现代发展期。

一方面，各国的高职教育渐成体系，各具特色，形成多样化的高职教育体系，开始强调提高教学质量、加强学制的衔接和密切行业与企业界的联系；另一方面，发展的重点也转移到了新经济，包括知识经济、信息经济和网络。20世纪60年代以前高职教育主要考虑到教育公平，如就业与升学，功能比较单一；20

世纪 70 年代受到高等教育大众化的影响，高职教育关注入学机会的平等；20 世纪 90 年代，高职教育兼顾质量与公平，寻求多功能的平衡发展，越来越多的国家开发了高职的闲暇教育、社会服务、订单培训等多种功能。进入 21 世纪后，高职教育的侧重点在产教融合、创新创业及职业导向方面，也更注重以学生为中心，倡导多元化学习方式及提供多样化的教育资源。

2. 世界职业教育的主要模式

20 世纪 70 年代，高职教育在各国形成了不同的表现形式。在这个时期各国才真正把高职教育作为高等教育的一部分，融入学制体系，并保证各部分的衔接。在办学上，各国和地区都采用了不同的高职教育模式，各具特色。影响较大的是德国、新加坡、日本、美国、澳大利亚等国家的教学模式。

德国文化推崇严谨、忠诚与责任感，教育有很强的实用性，并充分强调个人的悟性与能力，肯定个人自由发展，产生了双元制这一紧密联系产业界的高职教育体制，各州拥有教育自主权，因此德国高职院校没有统一的格局，而是各有特色，相互竞争，对地方经济的发展起到了积极的作用。

新加坡的理工学院相当于我国的高等职业技术学院，如新加坡理工学院、淡马锡理工学院和南洋理工大学（图 1-1）。新加坡教学模式吸收了德国"双元制"的经验，并与本国企业实际结合起来，提出了"教学工厂"的教学模式。教学工厂由政府出资建设，把学校按工厂模式办，把工厂按学校模式办，为企业输送更多高素质的人才。早期我国职业教育的教学模式主要借鉴了新加坡"教学工厂"模式。

日本的职业教育主要是专门职大学和专门职短期大学，与美国社区学院模式差别较大。前者是为完成中等教育的学生或成人提供的职业教育，为其掌握实际生活必需的实践技能提供场所，重视实际技能。后者突出了开放性，一方面是入学的开放，另一方面是课程普适性很高，并且规模不大，与社区紧密结合，开放的文化赋予了美国社区学院开放性的特征，重视实践教学。美国典型的社区学院多为一栋校舍，学院围绕社区经济发展需要设置专业课程，教学实践与

图1-1 新加坡南洋理工大学

社区紧密联系，这也是社区学院长期繁荣的保证。

澳大利亚技术与继续教育模式分为证书、文凭、高级文凭和学士学位等层次。澳大利亚技术与继续教育教学机构与行业合作，提供多种灵活的学习选择，在国家质量框架下进行资格认证，并提供学术支持和就业指导。

3. 国际职业教育发展趋势

国际上职业教育发展趋势主要表现在越来越以技能为培养重心，致力于提供高质量的技能培训，并满足本地对高技能劳动力的需求，同时科技创新与职业教育越来越紧密地结合，职业教育也逐渐将科技和互联网技术融入教学，通过数字教育与虚拟实践等新技术探索职业教育新形态。另外，许多国家也为自主择业和创新创业提供支持，提供灵活的工作场所（如共享工作空间、孵化基地等）。各类学科之间也逐渐交融与碰撞，对设计、生产及营销中的云端存储、大数据分析、物联网等领域的学习也成为未来职业教育的主要内容。

1.1.2 相关理论研究

1. 大学校园研究分析

国外大学校园研究主要的关注点是校园建设发展过程中的形态变迁、城市与大学校园的关系或对大学建设的一些模式进行分析，强调在动态需求中指定弹性的导向原则和寻求最佳组合方式，并对已有规划进行评估和调整以适应未来变化，也关注校园更新目标和运营，在校园可持续建设过程中强调更高的空间效率和弹性利用。

我国校园建设经过了多年的发展，逐步调整到细分的大学校园研究，如校园的可持续发展、校园更新与改扩建，都成为热点议题，得到众多研究者的关注，继而有更细分的大学研究类型出现，如对山地大学的研究。在这样的背景下，本书选择的研究对象是高职院校，符合职业教育院校在建设发展中需要针对性规划理论指引的现实需求,从"知"与"行"这两个角度出发,总结职业教育院校的核心特点,学生既需要掌握实用的职业技能(即"行"),也需要有扎实的学科基础和职业理论知识(即"知"),才能真正达到知行合一的境界。高职教育在培养目标、办学模式、教学方法、评估体系方面与普通高等教育有所区别,也造成校园规划设计的不同。

2. 高职教育与普通高等教育的差异

按联合国教科文组织对教育的划分,中国的高职教育属于5B级,即培养技术型人才,区别于5A级普通高等教育(培养科学型人才与工程型人才)。我国的高职教育涵盖了目前的高职高专、技术本科、五年制高职的后半段和某些高校的某些专业教育。国际上同级别的教育还有德国的双元制职业教育和高专、美国技术大学与社区学院教育、澳大利亚技术与继续教育、英国的多科技术教育、日本短期专修教育。

目前我国高职教育与普通高等教育的区别在于学制和学历不同,因培养的人才方向不同,教学方式和教学内容不同,高职教育的教学方式注重实践教学,如实验、实训、实习等,教学内容也更加贴近实际工作;而普通高等教育注重理论和基础教育,教学方式以讲授和研讨为主。

表1-1列出了普通高等教育与高等职业教育的主要区别。

表1-1 普通高等教育与高等职业教育的主要区别

	普通高等教育	高等职业教育
1. 教育性质	学术、学科类教育	技术类、职业类教育
2. 课程设置	按学科设专业,宽泛的知识	按岗位群设专业
3. 教育计划定向	学术定向:对一组科目深入了解,可接受更高级别教育	职业定向:获得某类职业所需技术、技能、态度与认识
4. 培养目标	学术型、工程型人才	技术应用型人才

续表

	普通高等教育	高等职业教育
5. 教学内容	科学知识为主	技术知识为主
6. 主要学科	基础科学	应用科学、技术科学
7. 培养途径	课堂教学为主	实践教学为主，产教结合
8. 教师队伍	学术型教师	"双师型"教师，专兼结合
9. 发展来源与现状	历史悠久，办学条件好，从大学本科开始建设	"三改一补"，其中多数来自重点中专和新建高职，办学条件差
10. 建设方式与重点	以学校为主，重点建设内容是理论教学与研究	受学校、企业、政府三方影响，学科是多领域的实务技术
11. 评估体系	学科类评估体系，注重知识体系	能力类评估体系，重视动手能力
12. 规划设计	以教学中心区为核心	以实训中心区为核心
13. 单体设计	以知识型的教育建筑为主，以知识更新和技术研发为标准设计	以技术型教育建筑为主，以企业生产技术标准设计
14. 校园外延	以科技园区为学校外延	以企业实训基地（现代产业学院）为学校外延

3. 职业院校共性与差异性

职业院校分为中专、高职、技师学院及培训机构，其共性是培养高素质的技能人才，注重实用性、实践性和职业性，学科涉及多个领域的实操技术。职业院校彼此之间的差异大于普通高校之间的差异，并非学制不同，高职教育也有本科层次，未来将有更高层次的职业教育学历，有的学院涵盖面较广，有的学院专注于某个领域的职业培训，职业院校水平差距也较大，头部的职业院校已开始投入应用科学的研究。不同行业的差距可能会导致校园形态及指标有较大不同，即使在学校内部，不同专业之间因行业差距大，很快进入实操教学，导致专业之间交流较少，一般不注重系统的理论研究。职业院校的教育重点是职业养成和企业文化熏陶。

1.2 我国职业教育院校发展历程

1.2.1 匠人、实业到职业的发展路线

我国职业教育的发展走过了一条从匠人、实业到职业的路线。

唐宋以前没有职业教育，以学徒制度传承科学技术，唐朝设教民机构培养技术官吏，具备职业性的特点。宋朝以后，资本主义萌芽出现，职业教育获得发展，建立了农、金、武、画等学校。古代职业教育规模比官学小，与书院差不多，没有像书院那样选择建在远离市区的山林中，且级别低。古代职业教育有浓厚的"匠人"特色和"行"的学徒制度，和书院的"知"有着较大区别。

我国近代职业教育随着工业发展和民族资本兴起而获得进一步发展，有着明显的实业带动教育的特点。1903年，教育纳入了官方学制，分为初等、中等与高等实业学堂，高等实业学堂与高等学堂同等。1917年，黄炎培建立了中华职业教育社，创办了中华职业学校，推动职业教育迅速发展。1922年政府颁布《学校系统改革案》，职业学校正式在学制上获得了地位，从此才出现了"职业教育"这一特殊名词，完成了从"实业教育"到"职业教育"的过程。

中华人民共和国成立前的职业教育力量一直比较小，因中国工业薄弱，民族资产阶级力量弱小，还有中国自古不重视科技和实用技术也制约了职业教育的发展，并未制定系统发展职业教育的长期策略。

从中华人民共和国成立后到20世纪70年代末，职业教育发展停滞。20世纪80年代，恢复高考后大量落榜生选择短期的职业大学。1980年，全国共出现7所高等职业大学，到1984年已经发展到82所，此时的职业大学已开始强调职业性、技术性与实践性，是我国高等职业教育发展的基础。1996年颁布的《中华人民共

和国职业教育法》，成为我国职教发展史上一个里程碑。1997年全国教育工作会议后，高职的"三改一补"工作全面展开，高职院校进入了一个规范的发展时期。1998年大学扩招后，高职院校发展进入了一个快车道。

1.2.2　当代我国高职教育发展

高等职业教育是一个具有中国特色的概念，是"高等"与"职业教育"两个概念的复合。这个概念的提出与实践不是教育理论研究的成果，而是社会发展与教育改革的产物。20世纪70年代末，中国各项事业百废待兴，普通高校数量十分有限，为了培养地方经济建设急需的高等应用型人才，地方依靠自己的力量办起了"职业大学"，直至1995年国家教育委员会才正式承认职业大学是我国高等教育的一种办学形式。原有高等教育培养人才体制结构性过剩的问题引起关注，高职教育得到政府的重视，将高等专科学校、职业大学与成人高校作为我国高职教育发展的主要途径（三教统筹），1994年确定了"三改一补"作为发展高职教育的基本方针。随着1996年《中华人民共和国职业教育法》、1998年《中华人民共和国高等教育法》的实施，高等教育进入了跨越式发展阶段。伴随科教兴国战略的全面实施、高等教育大众化的浪潮，高职教育逐步走向正轨，新建、改建、升级了一大批高职院校，高等职业教育这个概念不断得到充实与完善。2019年实施的《国家职业教育改革实施方案》再次确认两种教育类型具有同样重要的地位。2022年修订的《中华人民共和国职业教育法》，在我国转向发展高质量经济的要求下，鼓励企业办学，开放终身学习及系统化职业教育，明确了教育"双轨制"的互融互通，职业教育前景广阔，大有可为，技能型社会建设进入新阶段。

1. 高等职业教育的发展与产业结构升级转型

从2005年开始，大学城建设热潮逐渐消退，大规模的集聚性大学校园建设已经趋于平缓，大学跨越式发展进入了相对理性的发展阶段。

1998—2012年是我国高等职业教育蓬勃发展的阶段，我国高职院校的数量从1998年的不到100所增长到了2012年的1100多所，高职教育普及率也从不到10%增长到了30%，为经济发展培养了大批人才，这一阶段我国高等职业院校培养的毕业生超过3900万人，为各行各业生产和工作第一线培养了大批较高素质的技术应用型劳动者，社会对高职教育的认可度明显提高。随着2009年"职业教育十二五规划"的出台，国家全面推进现代职业教育体系建设。2017年，高职教育"卓越计划"提出要积极推进高职院校的转型发展，支持高职院校的创新创业；2018年，国家推进"三全育人"改革，学科交叉融合，形成多元化学科体系；2019年实施的《国家职业教育改革实施方案》，提出2022年高职毛入学率达到50%和所有职校基本达标的目标，同时推进校企合作，深化产教融合，发挥高职教育促进地方经济发展的作用；2020年，政府出台"互联网+职业教育"行动计划，开展多种形式的线上教育，为高等职业教育带来了在线教育普及和教育资源整合的机会，同时技能培训市场在未来也将得到增长。

过去十年，我国产业升级的成果非常明显。未来随着人工智能、5G、物联网等技术的发展，产业升级将进一步加快，我国将逐步向以智能制造和智能服务为主导的方向发展。另外，我国还需要继续加大人才培养和创新驱动力度，加大改革开放力度，提高效益，推动可持续发展。

高等职业教育的发展直接关系到产业结构转型升级。高等职业教育是产业转型升级的关键环节之一，可以在21世纪为各行各业提供人才和技术支撑。一方面，高等职业教育可以更好地满足产业转型升级的需求。随着社会经济和科技的发展，工业转型升级越来越需要复合型、高素质、高技能人才。高等职业教育针对性强，注重夯实实践基础和培养职业技能，可以在短时间内培养能够满足市场需求的高素质人才，为产业转型升级提供大量的人力资源。另一方面，产业结构转型升级也需要高等职业教育的支持。随着产业结构不断升级，对职业技能的要求越来越高。高等职业教育具有行业适应性和可迁移性，可为产业转型升级提供专业化和特许职业技能的人才，从而提高生产和服务的质量，提高经济效益。

2. 发展及转变趋势

当前高职院校建设呈现可持续性、开放性、社区化和企业参与的特点。这符合产业经济发展的趋势，也符合终身教育的定位。对区域产业经济来说，高职教育的资源配置、校园规划结构应该结合城市产业经济发展和城市空间结构演变，并有利于城市经济结构的优化，以科研创新、服务区域经济来带动产业升级，激发社区的活力。高职院校建设通过合并发展、老校开发、异地建设、新校建设和教育园区建设，为高职院校发展带来了机遇。

我国职业教育比例不断提高，未来我国将要求大力发展职业教育，尤其是高职教育。随着经济发展，一批高职院校将升格为技术本科，同时还将有一批综合大学的专业将开展高职教育。2019年实施的《国家职业教育改革实施方案》是全面深化职业教育改革和顶层设计的蓝图，发展本科层次的职业教育是现代职业教育体系的重要组成部分，是实现职业教育"不同类型、同等重要"战略定位的重大举措，也是职业教育从普通办学转型到企业社会参与、专业特色鲜明的教育类型的重要途径。近年教育部开始设立应用型本科，学历层次与普通本科相同，但更偏重职业技能和实践能力培养，把应用本科与高职院校优势结合。

2019年，我国推出高职院校建设的"双高"计划（即高水平学校建设及高水平专业群建设），目前有接近200所高职院校入选。该计划提出启动高水平实践中心建设项目，政府搭建平台，校企多元参与，从而建设开放型的区域产教融合实践中心及现代产业学院。

1.2.3 政府、企业、学校是高职院校发展的重要因素

高职教育融入了产业、行业、企业、职业和实践的要素，故其校园形态应与普通高校有所区别。教学模式决定校园形式，校园形式适应教学模式。高职教育与职

业紧密相连，发展的主要动力是区域经济发展对高技能人才的需求，为区域经济的先导产业服务；高职院校的运行机制要求加大行业参与高职教育的力度。同时应强化高职教育的企业要素，在校园形态上要努力营造企业的情境与氛围，如在订单式的培养模式中，企业建设教学实训基地，派遣技术人员兼任教师，打破传统大学建设形态，引入企业工作环境与职业情境等。

在政府、企业、学校三个要素中，政府的权限在于引导各省的职业教育发展方向，具体的事权由省教育部门负责。首先，政府需要考虑到高职教育是地方经济的人才培养机构。其次，我国经济发展很不平衡，在产学合作等方面，地方政府具有实践经验和相应的权力。最后，地方政府积极参与办学，可以调动学校办学的积极性，充分利用社会资源。中央政府给予指令性引导，地方政府则需根据实际情况把握引导的力度，这是不同省份高职院校发展的重要因素。这种地方性发展是高职院校发展的一个重要方面。

高职院校培养的人才是企业一线生产所需的人才。如果企业不参与高职院校的建设和发展，将无法在理论和实践上取得成功。因为校内实训设备数量与质量存在短板，为了更贴近实践，高职学生在最后一年要去企业顶岗实习，在政府的引导下，企业与学校形成合作模式是建设高职院校的必要途径。

在我国，教育的主体责任一直由学校来承担，高职院校也不例外。在校长负责制管理制度下，高职院校的发展、运营和管理都由学校独立承担。例如，校企合作是高职教育发展的重要方向，学校需要积极主动与企业合作，建立稳定、长期的合作关系，为学生提供针对性的培训课程，提高学生就业能力。

1.2.4 政策指标分析

1. 指标类及纲要类文件

与高职院校规划有关的政府文件与指标一共有 6 个。最早的是 1986 年颁布的

《普通高校设置暂行条例》，该条例将高等学校分为大学、学院、高等专科学校和高等职业学校，没有对高等职业技术学院下定义。1992 年实施《普通高等学校建筑规划面积指标》（简称《92 指标》）以来，一直到 2018 年才颁布新版的《普通高等学校建筑面积指标》（简称《18 指标》），高职院校的专门标准是 2000 年实施的《高等职业学校设置标准》，2004 年教育部发布了《普通高等学校基本办学条件指标》，区分了本科与高职，二者校舍面积和占地数据一致，从高级职称教师比例、生均计算机数量和新书数量进行区别，2019 年颁布《高等职业学校建设标准》（简称《19 指标》），高职院校才有了专门的建设标准。

除了《中国教育现代化 2035》纲要，各省份都在推进教育现代化建设。一些中心城市和经济发达地区，因其经济发展快速、行业结构多元、人才需求较大等特点，更需要满足市场需求和技能要求的高等职业教育。因此，各省份的教育现代化建设纲要往往会强调支持这些地区多办和办好高等职业教育，以提高人才培养质量和数量，促进地方经济发展。中心城市还可起到带头和辐射作用，发展出一些创新性的职业教育项目与模式，辐射到周边地区，促进全民教育发展。

2. 高校相关规划建设标准研究

2020 年以来，随着《18 指标》和《19 指标》的实施，大学校园规划进入了新的阶段。《92 指标》对全国高等学校校园规划和校舍建设起到了重要的指导作用。这些指标是上限指标，指标额度是不得超过，但是实际申办时反而成了下限指标，成为立项和划拨资金的依据，这是使用单位与资源管理单位的"公约数"，但实际情况更复杂。1992 年我国的经济体制转向社会主义市场经济，经济的发展和社会的进步促进了高等教育事业的发展，高等学校的办学规模、教学手段、管理体制等都发生了很大变化，高等学校在基本建设方面，建立了多渠道筹集建设资金的新机制，执行多年的《92 指标》已不能适应高等学校发展的现状，新的指标历经多年编制后于 2018 年实施。新指标修编的重点问题是学校类别的划分，即办学规模的设定、学科结构比例、修编参数、学校机构及教职工编制、校舍项目及名称等。

《92指标》中有校舍建筑面积指标,也有建设用地指标,两项指标密切相关。《18指标》有建筑面积指标和用地指标两个体系。

2008年12月专家委员会对高校建设用地指标审查通过后,国土资源部(现为自然资源部)对研究生补助用地指标提出异议,经多次协商未取得一致意见,《普通高等学校建筑面积指标》及《普通高等学校建设用地指标》未能及时上报审批。直到2013年10月,住建部标准定额司建议在高校建筑面积指标内增加容积率的条文,经专家复审会议后再次上报,2014年4月将《普通高等学校建筑面积指标》送往住建部审批,根据高校建筑面积指标内增加建议容积率的条文,从校舍总建筑面积出发可以推导建设总用地,但是《普通高等学校建设用地指标》目前还在编写,尚未批准实施。

《92指标》原本为高等学校校舍面积的上限控制指标,对许多表格都有"不得超过"的规定,实际使用中又作为下限执行,立项时均作为基本数据,是为将来发展留有余地。在《18指标》中去掉了原名称中的"规划"二字,名称改为《普通高等学校建筑面积指标》,对许多表格都有"应符合"的规定。《18指标》中将K值(使用面积系数)从《92指标》的0.65~0.85统一为0.6(图书馆和体育馆会堂为0.7)。《19指标》迟一年公布实施,最大的改变就是把高职院校的教室、实验实训用房、系办公用房合并为一大类,其他编制思路与《18指标》类似,并适当下调。

据统计,2020年全国本科高校平均规模为10700人,生均用地为67 m²,建筑面积为29 m²,《18指标》的院校规模分为5000、10000及20000三个档次,取代了《92指标》的2000、3000、5000三个档次,经过多年发展,各类学校建设规模更大。以下为《18指标》《19指标》与《92指标》的校舍名称对比(表1-2)。

表 1-2　校舍名称对比

序号	《18 指标》12 项必备校舍	《19 指标》9 项必备校舍	《92 指标》11 项必备校舍（教工福利除外）	指标比较
		必备校舍		
1	1. 教室	1. 教学实训用房含： 1.1 教室 1.2 专业教学实训用房及场所 1.3 系及教师教研办公用房	1. 教室	《19 指标》组合为一个指标，并减少公共课教室，增加专业实训面积，有利于统一使用，提高效率
2	2. 实验实习用房		3. 实验实习场所及附属（用房）	
3	3. 图书馆	2. 图书馆	2. 图书馆	综合大学设座率：文法理工学科综合后超过 20%；高职为 15%，故调低本指标
4	4. 室内体育用房	3. 室内体育用房	4. 风雨操场	综合大学 1 万人配置体育馆及游泳馆等用房；而高职 1 万人，未配游泳馆，故此指标降低
5	5. 校行政办公用房	4. 校级办公用房	9. 校行政用房	
6	6. 院系及教师办公用房		10. 系行政用房	
7	7. 师生活动用房	5. 大学生活动用房（无单列会堂，但包含大型报告厅）	—	《19 指标》改为大学生活动用房，合并会堂为报告厅，避免楼堂馆所建设
8	8. 会堂		5. 会堂	《92 指标》及《18 指标》均有会堂
9	9. 学生宿舍（公寓）	6. 学生宿舍（公寓）	6. 学生宿舍	
10	10. 食堂	8. 食堂	7. 学生食堂 11. 教工食堂	《18 指标》和《19 指标》取消教工食堂
11	11. 单身教师宿舍（公寓）	7. 单身教师宿舍（公寓）	教工宿舍 教工住宅 外籍教师用房（根据需要配备）	《18 指标》、《19 指标》取消教工住宅。《92 指标》颁布的年代还有福利分房
12	12. 后勤及附属用房	9. 后勤及附属用房	8. 生活福利及其他附属用房	《18 指标》和《19 指标》取消生活福利用房

续表

序号	《18指标》12项必备校舍	《19指标》9项必备校舍	《92指标》11项必备校舍（教工福利除外）	指标比较
选配用房一				
1.1	研究生教学及生活用房	专业本科生及研究生教学及生活用房	工科院校的生产性工厂及其附属用房	取消工科院校生产性用房
1.2	留学生及外籍教师生活用房	留学生及外籍教师生活用房	留学生用房	《18指标》和《19指标》增加外籍教师生活用房
1.3	专职科研机构研究及办公用房	培训用房	专职科研机构用房	
1.4	继续教育用房	取消技能培训用房指标	进修生及干训生用房、夜大学函授部	取消进修生及干训生，取消夜大，改为继续教育
选配用房二				
2.1	国家或省部级重点实验室	—	—	《92指标》无
2.2	教学陈列用房	—	—	《92指标》无
2.3	产学研及创业用房	产学研及创业用房	—	《92指标》无
2.4	学术交流中心用房	学术交流中心用房	—	《92指标》无
2.5	农林院校实验实习农场、牧场、林场教学及生活附属用房	农林院校实验实习农场、牧场、林场教学及生活附属用房	农林院校的生产性农场、牧场、林场及其附属用房	一致
2.6	医学院校临床教学实习用房	医学院校临床教学实习用房	医学院校及个别体育院校的临床实习医院	一致
2.7	教职工机动车、自行车（含学生）停车库或棚	教职工机动车、自行车（含学生）停车库或棚	自行车棚	一致
2.8	采暖地区锅炉房	采暖地区锅炉房	采暖地区的供暖锅炉房	一致

续表

序号	《18指标》12项必备校舍	《19指标》9项必备校舍	《92指标》11项必备校舍（教工福利除外）	指标比较
				《92指标》的有关福利用房，如师范院校的附中、附小、附属幼儿园、子弟学校，离退休调出教职工及去世教工家属所使用的的住宅、食堂、浴室、医务所、托儿所、幼儿园，均被取消

两个指标表都有国家规定建设的民防工程，《92指标》限于当时的时代特点，还有比较强烈的计划经济的福利住宅和配套用房指标。《18指标》和《19指标》都取消了教工住宅指标和相关的教工福利用房，教育用地不再建设住宅，教工福利用房则改为后勤附属用房和单身教师宿舍，规模缩小。

3. 单体设计指标研究

此处将《18指标》和《19指标》各校舍细分数据进行对比，因年代久远，不再对比《92指标》内的单体校舍。为了研究方便，选取《18指标》中的理工院校1万人规模和《19指标》中的综合一类1万人规模校舍进行对比，如表1-3所示。

表1-3 生均面积及指标对比研究

《18指标》理工院校1万人规模校舍（生均面积）	《19指标》综合一类1万人规模校舍（生均面积）	指标对比研究
必备校舍		
1. 教室（2.83 m^2）	1. 教学实训用房含（8.7m^2）： 1.1 教室（1.82 m^2） 1.2 专业教学实训用房及场所（5.67 m^2） 1.3 系及教师教研办公用房（1.21 m^2）	计算结构比例：文科类按照60%、理工类按照40%及在校、在教室和专业实训教学的总学时计算
2. 实验实习用房（4.63 m^2）		理论实训一体化教学，根据理论教学与实训的比例，可分可合；院系办公根据编制和教研办公情况配置

续表

《18 指标》理工院校 1 万人规模校舍（生均面积）	《19 指标》综合一类 1 万人规模校舍（生均面积）	指标对比研究
3. 图书馆（1.74 m²）	2. 图书馆（1.3 m²）	综合大学图书馆设座率按文法理工学科综合后超过 20%；高职图书馆设座率为 15%，调低本指标
4. 室内体育用房（1.37 m²）	3. 室内体育用房（0.71 m²）	综合大学 1 万人配置体育馆及游泳馆等用房；高职 1 万人，未配游泳馆，故此指标降低
5. 校行政办公用房（0.7 m²）	4. 校级办公用房（0.65 m²）	高职院校的院系办公合并到第 1 大类教学实训用房内，为职业本科的转型和科研建设留有余地
6. 院系及教师办公用房（1.27 m²）		
7. 师生活动用房（0.35 m²）	5. 大学生活动用房（0.48 m²）	师生活动用房：高职院校因未配置会堂，考虑其也有大型学术报告等，高职院校在活动用房内配置千人报告厅，故指标调高
8. 会堂（0.3 m²）		因涉及楼堂馆所审批红线，《19 指标》校舍中取消会堂，改为结合活动用房的报告厅
9. 学生宿舍（公寓）（10 m²）	6. 学生宿舍（公寓）（8～10 m²）	考虑到西部办学条件，高职院校住宿面积适当下调，可以为 6 人间
10. 食堂（1.25 m²）	8. 食堂（1.19 m²）	随着食堂效率的提高，指标在 1 m² 左右是相对合理的
11. 单身教师宿舍（公寓）（0.4 m²）	7. 单身教师宿舍（公寓）（0.4 m²）	二者相同
12. 后勤及附属用房（1.77 m²）	9. 后勤及附属用房（1.06 m²）	《18 指标》可能偏高，考虑了少量的招待用房。通过大量调查分析，高职及办学后勤社会化，且民办高职院校居多，反映总体指标偏高，其指标比较符合实际，比《18 指标》低些
选配用房一		
1.1 研究生教学及生活用房	1.1 专业本科生及研究生教学及生活用房	随着职业教育向工程实践和创新研发的转向，要求具备基础科学能力、工程实践能力与创新创造能力，目前已开设几十所职业本科，未来职业教育研究生也是趋势

续表

《18指标》理工院校1万人规模校舍（生均面积）	《19指标》综合一类1万人规模校舍（生均面积）	指标对比研究
1.2 留学生及外籍教师生活用房	1.2 留学生及外籍老师生活用房	二者相同
1.3 专职科研机构研究及办公用房	1.3 培训用房	培训是职业教育的一大功能，职业本科要求每年培训人数大于在校生的2倍，故此类用房在本指标虽未选配，但其趋势为必备
1.4 继续教育用房	不额外设置培训用房项目指标	培训量超过在校生50%后的部分按10:1折算为在校生
选配用房二		
2.1 国家或省部级重点实验室	无	高职院校暂无国家或省部级重点实验室；教学陈列用房结合第1大项教学实训布置
2.2 教学陈列用房	无	
2.3 产学研及创业用房	2.3 产学研及创业用房	二者相同，有些院校实际用作学生宿舍
2.4 学术交流中心用房	2.4 学术交流中心用房	
2.5 农林院校实验实习农场、牧场、林场教学及生活附属用房	2.5 农林院校实验实习农场、牧场、林场教学及生活附属用房	农林院校与医学院因专业特点有自己的教学、实验、实习用房，故这两类学校在《18指标》与《19指标》的选配用房单体中都单独作为选配指标
2.6 医学院校临床教学实习用房	2.6 医学院校临床教学实习用房	
2.7 教职工机动车、自行车（含学生）停车库或棚	2.7 教职工机动车、自行车（含学生）停车库或棚	二者相同
2.8 采暖地区锅炉房	2.8 采暖地区锅炉房	二者相同

《19指标》在附录二提出对专业本科生和研究生进行补贴，高职院校专业研究生包含专业硕士生和专业博士生，在教学实训用房、图书馆、学生宿舍三项校舍中给以建筑面积指标的补助，为未来高职教育的高端上移做了布局。2021年教育部出台了《本科层次职业教育专业设置管理办法（试行）》，其要求更为具体，目

前批准了三批共22所本科层次职业教育试点学校，进一步发展高学历的职业教育，职业本科与应用本科日趋相同。

职业教育发展方向可能对指标带来影响，《92指标》对此有所关注，如将教学、实训、院系办公及教学陈列相结合，设为教学实训大项，根据实际调研情况适当调低了图书馆、体育用房的指标，考虑到西部许多院校的办学条件，降低了食宿的指标，这些都说明了《19指标》已经与《18指标》有了区别，但建议还可在以下几个方面进行优化。

首先，结合目前职业本科的发展趋势和普通职业院校融通的趋势，特别是校企合作形成的新型职业教育校舍类型，进行研究和指定指标评估。

其次，应考虑不同地域办学需求和用地的集约性，指标相对粗放，特别是容积率为0.5～0.6，数值偏低。

再次，部分单项评估标准过高（如后勤及附属用房），部分校舍指标不符合实际使用要求（如图书馆可能与实训用房结合，平衡指标），应适当区分不同性质和地区的高职院校，再做进一步的细化分项，同时建立相应的调整系数，以满足实际办学需求。

最后，随着国家大力推进职业本科与应用本科建设，也出现了转型的产学研一体校舍，这些指标会进一步与实际工作相协同，并可能会进一步修订。

1.3 高职院校动态发展分析

1.3.1 当代高职院校规划问题分析

1. 功能经济问题

20世纪末高职院校多来自中专或者成人高校，扩张为大学后，招生规模进一步扩大，用地明显不足，大多数老校区的容积率都在 0.8 以上，并且均为低矮的多层校舍，占地较多。各校在现有的土地上见缝插针地加建新校舍，空间极度压缩，流线混乱，影响正常的教学秩序。

20 世纪以来，我国大学校园经历了跨越式发展，这是推进高等教育大众化的结果，也是教育资源的爆发性增长。随着各地大学城蓬勃发展，高职城、职教城等也经常见于报端。然而，这一发展过程面临一些问题，如：规划论证时间过短，建设速度过快，造成了包含高职院校在内的大学发展速度与质量的矛盾；决策者对大学未来发展过早下了定论；为了尽快抓住发展机遇，各校园规划比较雷同，更谈不上根据高职院校特点进行不同于普通高校的功能方面和经济方面的研究。

在单体校舍设计方面，在《19 指标》颁布之前，高职院校主要参考《92 指标》和 2000 年颁布的《高等职业学校设置标准（暂行）》进行设计，这些指标的出发点是学科类大学，并已运行多年，已不合时宜。即使《19 指标》考虑了校企合作和基础性、通用性与灵活性的原则，也只是纲要性的指标，并无进一步记述。事实上，高职院校在长期的发展过程中，建设方通过参观已建成校舍，吸取经验教训，而后在设计中避免类似的错误。反复摸索又缺乏调查数据支持，导致许多单体建设不能达到使用要求，后期改动也较大。即使校舍当时满足了使用要求，也未必能满足后期职业教育蓬勃发展的需求。这是高职院校校舍建设普遍存在的问题。

2. 校园形态问题

校园规划的形式主义表现在以下三个方面。第一，大学规划虽然在一定程度上摆脱了生硬的轴线和景观构图，但还是普遍重视总平面构图，偏爱宏大叙事风格与"上帝视角"，忽视功能与人性化需求，忽视校园的动态发展，过度固化校园发展空间。第二，校园与城市依然是割裂的，新建校区与外围区域隔离，或者通过孤岛进行隔离。第三，建筑形式单一，设计手法单调。学校风格比较雷同，缺乏对地域性和学校特点的考虑。背后的原因除了造价，更多的是有关设计观念、决策程序及建设时间的问题。

高职院校的培养目标和教学方式与普通大学不同，而现在校园规划建设并没有体现这一点，高职院校与社区、企业联系紧密，在校园形态上更灵活开放、不拘一格，并具备更多的可变性。普通的大学校园形态不一定适合高职院校。规划的新校区追求大而全，几乎所有学校的目标都是建设万人千亩大校，加上校园规划指标与教育评估指标的粗放性和审美偏好，校园形态十分相似，缺乏高职教育应有的特色。

3. 人文地域问题

高职院校建校历史普遍不长，新建校区往往位于城市郊区，缺乏校园历史延续性和所在城市的地域感。校园生态应追求人工建成环境与自然环境之间融合，如采取节水、节地、节能措施，以获得更好的办学效益，建设绿色生态校园。高职院校应该与企业合作，尽可能和产业一起规划建设，重视建设资源节约、环境友好的校园。

高职院校的特点是有较大的校企合作需求、形态多样性需求，较少的学术理论研究和跨学科的合作，如果校园规划设计不适用，后期将有大量改造活动。实际上高职院校对校舍的改造比普通高校更频繁，所以在分析以上问题的时候，应引入系统的、发展的、动态的观点来探寻高职院校发展规律，研究高职院校发展中各种影响因素的此消彼长，共同做好知与行的协同发展。

1.3.2 知与行——高职院校协同发展观的构成

本书提出高职院校的协同发展观可分为功能、经济、校园形态、人文地域性几个子层次。其中，功能层面包含满足高职院校教学功能、与企业合作的研发生产功能、对产业的推动功能。经济层面包含适宜且经济的高职院校规模、指标体系与规划建设方法。校园形态层面包含社区一体化、校企紧密合作的校园形态及规划结构、适宜的建筑形态。人文地域性层面包含校园的人性化设计（人际交往、安全性、防御性）以及校园的地域化设计（地形地貌、气候特点、产业特点等）。

（1）功能方面的协同目标：满足产业结构需求、政府要求、教学需求。

从我国高职教育目前的情况来看，有些高职院校偏离了教育目标而追求社会目标与经济目标，建设带有追求规模效益、急功近利的色彩，导致高职教育的功能与目标异化，偏离了地方职业人才培养这一本质。

首先，政府通过制定政策、制度和法律法规来监督、引导、保障学校的发展，通过建立评估体系来正确引导学校的建设，实施过程中不可避免地有主观因素的影响，使学校的发展出现偏差。其次，高职院校发展是否顺利最终要看培养的人才是否满足市场的要求。企业生产型的要求与学校教学型的要求应保持同构。最后，区域经济的非均衡发展促使高职教育存在着不平衡性，使得高职教育更向区域化人才服务发展，因此高职院校的发展应以区域经济为依托，融入区域经济社会发展的总体规划，实现高职教育区域化发展，从而带来多样化的表现形式。

（2）经济方面的协同目标：在满足要求的情况下减少办学成本。

目前，我国对高职教育的经费投入普遍少于普通高等教育，但高职教育的成本却普遍高于普通高等教育，高职教育规模扩张对校园面积、实训设备、图书资源和生活设施要求更高，因此必须在满足功能的前提下控制建设成本，节约材料与能源，考虑如何将有限的资源综合利用，既能节流，也要开源。高职院校从前期策划、设计、建造到后期的管理应形成一个整体系统，彼此之间有密切关系。对高职院校来说，除了要达到一般大学建筑的经济性目标，更重要的是如何达到实训教学区域的经济目标。这个区域是高职院校投资最大也是最重要的校舍群，极大制约着高职院校的规划设计。

（3）校园形态协同目标——开放、整体、美观、社区化的校园风貌。

不同教育理念与价值标准形成了不同的校园形态。随着高等教育的大众化，出现了都市型大学和巨型大学两种形态。更多的入学人数、社会需求的变化和出行方式的变革催生了巨型大学，而巨型大学的出现加速了学术社区的出现，人们将大学与城市社区等同起来，认为大学应该成为理想的学术社区，即具备高度组织的校园形态、便利的校园环境和支持校园交往行为的连续空间，进而形成了高密度、低层数、人车分流、步行化的大学校园形态。大学校园规模扩大，出现了许多子单元，形成了目前大学校园普遍存在的簇群结构形态与圈层结构交通体系。

高等职业教育是为区域经济提供技能型人才的高等教育，是高等教育大众化的主力军，应更注重对社区和企业的开放。高职院校的校园形态须满足开放化、整体化、社区化的要求。笔者认为，研究型大学追求的理想大学形式是"学术社区"，高职院校理想的形态则是开放共享的"培训社区"。校园形态所表达的制度性与权威性将减弱，符合实际使用需求的不对称布局、簇群单元式结构、圈层式的交通体系、开放式的融合性边界将是未来校园的发展方向。同样，高职院校的校舍单体应呈现美观大方的特点。大学建筑并非商业建筑，其建筑形态应体现大学建筑的文化性，高职院校的实训中心建筑应反映其功能特点。建筑形态应立足于功能需求与适度美观的需求，符合高职院校的基础性、灵活性和通用性的要求。

（4）人文地域性的协同目标——满足人文需求，符合当地地域文化特点。

高等学府是先进文化的代表，高校建筑既具有时代性，又具有文化性与地域性。高职院校是以职业教育为主导的高等学府，在理工科专业占比较大的院校中，重工轻文的倾向较为普遍，不利于培养学生的全面素质。

地域在这里有三层意思。第一，地域性与地区产业功能相关，高职院校与地区经济联系紧密，其校园规划发展也应体现地区性，比如江苏高职院校的建设模式就不宜简单照搬到广东地区。第二，地域性是指当地建筑传统文化对大学建设的影响。在我国高等教育扩招时期，大学校园建筑如雨后春笋般涌现，设计时间短、建设任务重，粗放的大学规划设计导致建筑设计形式雷同、缺乏地域性，这些问题已引起诸多争议。高职教育快速发展的地区也同样出现了这些问题。因为高职教育和普通高等教育有所不同，所以加强对建筑设计地域性的研究显得更加迫切。第三，高职院校是地区性的高校，"拥有本市的大学"是许多地级城市的追求，大学校园对地域文化发展起着促进作用。

大学这个系统汇集着优秀的文化精英，是各种思想文化交流的前沿阵地，也是先进文化的集中地，大学建筑更应该反映先进的文化，高职院校的建筑也应如此。

高职院校人文建设的另一个方面是职业文化养成。职业教育立足于职业，校园文化建设要强调职业文化的特点。高职院校的校园内部有着"类企业"文化、如企业般的科层组织管理。不同于普通高校以"知"为中心的求知文化，高职院校通过大量的实践活动突出了"行"的实践文化，并以此建构了符合工作需要的知识路径。

第二章

高职院校整体规划设计——局部大于整体

- 2.1 总体规划理论
- 2.2 规划子系统研究
- 2.3 规模选址及指标
- 2.4 高职院校改扩建
- 2.5 新建高职院校校园规划
- 2.6 职教园区的功能组成及规划

高职院校与普通高校一样，由分系统组成，各系统间协同运作，平衡发展。在从中专到大学这一发展道路上，高职院校的老校区呈现出多样性。高职院校的子系统与普通大学存在共性，也有自己的个性。由于高职院校的范畴多样，不同学校的系统表现形式非常不同，集中体现在交通、功能、环境方面。其成因有三：一是各校的发展水平不一，差距很大；二是各地管理政策不一，施政方法不一样；三是某些职业教育的专业区别较大，有一些较独特的做法。

2.1 总体规划理论

2.1.1 城市空间形成的两种方式

校园空间也是城市空间的一部分。城市空间的形成有自下而上和自上而下两种方式。自下而上的城市空间是受到自然的或者客观的因素影响，城市空间逐步形成的过程，城市各个体之间经过多年的融合、发展，自发形成了城市的肌理，没有刚性规划干预，以功能合理、自给自足和适应功能与经济要求为目标。自上而下的城市空间形成方式是以某一团体甚至个人的意愿进行设计与城镇建设的方法，以一种法定的规划设计准则使其实施。自上而下形成的城市空间有政治、法律、理想作为规划设计背后的支持，是某种思想或者价值判断的具体呈现。

在工业革命以前，以上两种方式并行发展。工业革命后，生产力高度发展，传统城市的形成方式产生了巨大的变化，自下而上的城市空间形成模式逐渐成为历史，技术进步使得自上而下的城市空间组织更能适应复杂的城市空间和专业的社会分工。这样就形成了具备整体控制、注重整体功能、兼顾公平与效率的城市规划理论。早期城市规划理论的不足之处是忽视了自下而上的形成机制，规划过分刚性、过分理性，用简单、粗放的规划理念来进行，表现为过度设计，缺乏公众参与，漠视城市生活，偏离了大众的使用需求和情感需求。现代城市规划理论吸取了自下而上这种城市最本源的动力，认为规划的最终受益者是广大的公众，真正完整意义上的城市空间是在人们日常使用、感受、认可的过程中形成的，城市空间也从规划所产出的物质空间发展为具备物质、社会、心理三重属性的完整城市空间。城市规划自上而下形成城市空间，它是市场机制与公共干预的共同结果，有一定的规律性。校园规划也是自上而下形成校园空间，是校方办学机制与上层管理规划部门共同干预的结果。

2.1.2 校园空间协同发展

一所大学就像一座小型城市，容纳了几千甚至上万名成员在此工作、生活与学习，承担着教学、科研、生产的基础功能，另外也具备提升经济、传承文化的扩展功能，这些功能之间是相互协同的。研究表明，校园空间形态的演变与所处的国家的社会结构形态密切相关。在西方发达国家，社会与大学形态属于内向发生型，是渐变型的。中国从封建社会、半殖民地半封建社会转型到社会主义社会，呈现了一种跨越历史阶段的发展模式。中国大学的形成可以说较严格地适应于跨越式的社会、政治、经济与文化环境，这是中国大学校园形态发展的普遍规律。西方大学精神是从早期的精神源泉到宗教信仰与大学自治相结合，再到政治干预的国家本位与学术本位的统一，时至今日，当代的大学成为社会服务站，是经济驱动力下的大学。与西方大学比较，中国大学校园空间形态受到政治干预与经济驱动，在历史上基本没有精神源泉和宗教掌控（与中国历史上皇权至上的政治体制有关），更缺乏长时间独立的学术自治的锤炼，展现的是一种自上而下的动力机制。

从大学阶段性跨越发展的历程来看，中国大学校园又有自下而上的组织特点。这在高职院校发展中表现尤其明显，因为高职院校与产业联系紧密，人才产出严重依赖市场选择，不变革、不先办急需的专业就只能落后，所谓"一步慢则步步慢"。另外，高职院校得到的拨款占教育拨款的比例较小，只能采取小步发展、依靠行业、自下而上的策略。校园的几个发展阶段的起点都与国家政策、政府行为有关，在到达下一个起点的时间段内，学校根据自己的使用需求进行了改造，当然是为了满足功能的需要，很少考虑形态、人文、地域方面的要求，现阶段解决功能问题是第一位的。

大学校园协同发展历程中的决定性因素是社会经济文化环境产生的价值取向，它在一段时间内成为决定性力量，导致校园形态的重大变化。在阶段性校园变化节点之间，校园内的自我完善与建设是在不断进行的，是动态发展的。不过这种自我完善都未能完成大学校园形态的自我优化。只有社会价值取向真正发生了变化，大学校园空间的发展才能上升到更高的层次。高职院校从中专转变而来，本身历史不算短，加之经济实力有限，因此校园空间自组织现象更加明显。很多高职院校的老校区不断增加各种校舍，打乱了功能分区和流线，一直到正式批准建设新校区，才具备了"大学校园应有的形态"，从而完成了一次较彻底的形态更新，然后又将面临一次"不断加建"的过程，直到下一次政府的大力推动。在建设新校区这个问题上，我们必须清楚地认识到校园规划的过程性而非结果性。正因为有规划的过程性，才有合乎逻辑的自组织过程。

校园的发展和城市空间自组织的发展有一定的区别。自下而上的校园建设的过程是一个校园无序熵值增加的过程，要看到校园无序性与有序性之间的辩证关系。自上而下的校园建设应充分考虑校园在长时间建设中增加的无序性，这里涉及校园空间协同发展机制。现阶段高职院校校园空间协同发展机制至少包含以下几个方面。

第一，自上而下的校园空间形成机制的核心是推动力。推动力包括政治、经济与文化方面的，也包括了偶然因素。在不同历史时期，推动力的来源与性质是不同的。内因是发展的根本，临界点的推动力是质变的关键。

第二，应对校园自下而上的建设有充分的认识。校园建设以自上而下为起点，自组织发展并不能优化校园本质结构，不能获得质的飞跃，其将终结于下一次驱动的起点，如此往复。自组织将带来教学资源使用率的提高、校园环境的美化和校园的多样性，校园印象来源于自组织形成的校园事件与校园环境的结合。

第三，应对协同发展层次性有一定认识。目前高职教育处在蓬勃发展阶段，首先要满足教育部门的办学条件评估要求，满足基本的教学需求，这是第一层次——功能、经济层次的协同。第二层次是地区性办学条件的协同。第三层次是文化、地域方面的协同。当前我国高职教育处在第一层次，正在迈向第二层次。

第四，高职教育从一开始就与普通高等教育有所区别，特别是大量的一般性的高职院校。纵观职业教育的发展，其系统的理论学习（即"知"）和职业教育倡导的实操性（即"行"）是此消彼长、互相制约，又统一协调的矛盾体。高职院校的规划建设要看到知与行之间的辩证关系。

2.1.3 高职院校园规划设计内涵——知与行的辨析

教育面向现代化，面向世界，面向未来。教育制度体现了公平与效率、民主与集中、精英与大众、理论与实践的合理平衡。教育的大众化与终身化的理念、人才的复合化与层次化的社会需求使得大学校园规划需做相应的变化，如适应新的教学模式，完善大学与城市的关系、大学与行业的关系，这些问题将对校园规划产生积极的影响。校园规划的作用并非静态规划，更注重过程和对外来的关注，注重校园的有机成长与更新。校园规划设计的反思建立在对质量的追求上，这也是协同发展的具体化。对质量的追求首先体现在研究校园规划的实质内涵。高职院校的规划内涵不完全等同于普通大学，其内涵应包含以下几点。

1. 大学精神的扩展——知识的传播与演化

大学精神在大众化教育、学习型社会的驱动下应加以扩展。大学精神包括学术价值观、教育目标与教育方法，继而衍生了大学不同的办学模式与不同的空间结构。西方大学形成了欧洲大陆、英国、美国三大体系。这三大体系在高等教育目标、学术价值观、大学管理机制与大学精神层面，都有着系统化的传统特征。这种传统特征来源于各大学发展的历史条件、地理因素与人文因素，并通过大学校园的空间结构形式展现出来。三大体系在大学与城市的相对关系上有所不同。在欧洲大陆体系中，大学建在城市中，如法国巴黎大学散布于城市之中；在美国体系中，大学建在郊区，如赠地法令下建设的一批大学；英国则处在二者之间，如20世纪早期英国新兴工业城市的"红砖大学"与英国剑桥镇的剑桥大学。从大学的教育理念等深层结构来看，英国体系与美国体系则有着更广泛的联系。在第二次世界大战后，高等教育体系进入一个同一性与多样性并存的时期，三大体系之间的差别也越来越小，但办学模式却更加多样化。

三大体系逐渐趋同的根源在于经济力，从美国《莫雷尔法案》推动大学面向社会办学开始，知识传播必须服务社会成了大学的主要目标，知识演化带来的经济力就成为大学生存与发展的决定性动力，从而大学内部出现了明显的职业特征，大学与产业联系日益紧密。在经济主导的社会发展框架下，现代大学充当了知识演化为经济能力的服务站。传统大学精神陷入了危机，有学者提出要培养内外兼修的大学精神，认为大学过分"专业知识化"会导致大学精神的认同危机，知识分子异化为"技术知识分子"，呼吁重新建立"公共知识分子的大学精神"，不愿意看到大学的专业化导致知识分子丧失公共立场。但是时至今日，大学精神已经大大扩展，职业化的大学、研究型的大学和培育独立知识分子的大学并无根本冲突，相反，正因为经济力渗入大学精神，大学精神的"异化"才是大学在现代社会转型的动力，从知到行是知识传播的必然。大力发展职业教育与建设优秀的研究型大学并不冲突，而是相辅相成的，在目前大力推进的职教本科和应用本科的共同驱动下，一些具备实力的职业院校可能会向应用型本科高校靠近。

在全球化浪潮席卷之下，大学精神、大学功用不做本质上的转变与扩展，将无法应对当前迅速发展的区域经济形势。这里提出的大学精神扩展，代表了大学教育与经济界的结合，甚至是一体化的，两者互相影响。大学教育不是以象牙塔为唯一形态，大学教育可以在企业、社区中进行。大学校园的形态更是多种多样，大学校园甚至可以是工厂车间，也可以是田间地头，比如新型的产业学院，就是设置在企业内的培训机构，与学校共建共管。只有摆脱了狭义的"大学精神"束缚，高职教育的规划内涵才能大大扩展。

2. 职业实践和生产性——动手能力的培养

高职教育最重要的特征是重视培养学生的实践能力。高职院校对实践能力的培养与普通高校是不同的，虽然后者在 20 世纪 90 年代后期越来越重视对实验教学的改革，实验教学越来越重要，逐步摆脱附属于理论教学的地位，增加了创造性实验，减少了验证性实验，但二者始终是定位不同的高等院校，职业教育是培养技术型和实施型的人才，注重技术的应用能力和职业综合素质的培养。普通高等院校是培养学术型与工程型的人才，更看重学生工程能力、研究能力、创新能力的培养。高职院校的规划应具备职业实践与生产性的特点，具体表现为，高职院校所依托的产业园区并非研究型或创新型高科技孵化基地，高职院校的功能设置应该考虑实际生产的可能性（如仓储用房）和作为产业链的中后端定位，以及共享的实训区生产与实训教学的综合布局，交通流线应该考虑校企合作中原材料和成品进出流线，环境景观要综合考虑职业素质与人文教育等。

3. 环境育人与以人为本

高职院校虽然是以职业实践和生产为教学目标的高校，但大学校园始终是培养人才的地方，是年轻人聚集的地方，是授业解惑的地方。学生在这里获得知识，接触社会，形成人生观。这里对大学生来说是一个"行为习惯养成教育"的地方。校园环境是构成育人环境的重要一环。大学校园文化具备一定的独立性，大学建筑文化与社会流行建筑也应保持一定的距离。即使是高职院校也应承担培育文化、树立理想的使命。这一点对于高职院校来说尤为重要，高职院校办学历史不长，学生的归属感不强，学校与企业联系紧密，目标是将学生培养成技能型人才，这样容易堕入"岗前培训班"的误区，忽视了学校环境育人的重要性。因此，扩展的大学精神并非取缔大学的素质养成环境。

以人为本的规划思想成为大学校园规划的核心思想：校园发展首先要满足教学

的物质要求，引进先进的科学技术，解决教学问题、生产问题、功能结构问题，从人的尺度出发，而不是陶醉于现代科技的宏观尺度；从群体心理感受出发，创造富有意义的、丰富的校园空间；从学校历史文脉与办学特色出发，保护与发展校园文化；从细分的人群出发，满足校园内不同学历、不同经历、不同年龄段的使用者的不同需求。校园规划过程的可选择性表明了人本主义的价值，充分体现了人在塑造校园形态中的主观能动性，也是校园形态多元化的基础。

4. 坚持适用、经济、美观及地域性特点

适用、经济、美观是一个相互关联的有机整体，是指导我国当前建设的方针，要全面理解与贯彻。适用就是要突出安全、合适，体现建筑的目的性；经济就是要结合国情，强调投资效益、资源节约与环境保护；美观是建筑的艺术美，体现外部形态与内部空间的结合以及与环境的协调，体现地域文化与时代精神的结合，绝非不顾国情而追求奇特形式和视觉冲击。高职院校的规划设计尤其应该强调此原则，原因如下：一是大学城的快速集聚建设带来的问题已经引起相关部门的重视，规模型大学集聚建设并粗放经营会造成资源浪费，不符合我国人多地少的国情；二是高职院校在现在国家有限的教育资源中所占的比重虽然一直在提高，但投入与产出比依然不高，经济性是校园规划的基本原则；三是我国高职院校处在发展的阶段，理应对应一定历史时期的建筑建设原则。只有功能、经济性得到满足，才可以进行校园形态的研究及文化地域的认同感研究。

高职院校的地域性首先体现在当地校园文化上。高职院校应营造出独特的校园空间环境与文化氛围。首先，其出发点是充分考虑当地的气候、水土条件，人文景观和传统文化延续，例如在南方地区，气候炎热，要考虑良好的通风条件，而不能照搬北方的建筑，对于有特色的当地建筑符号，可以进行抽象化并将其引入建筑设计。其次，高职院校的地域性还表现在企业文化的地域性，如广东产业具有大型国企的特色，江浙产业以民企为特色，这两种产业模式就不同，前者更注重整体的稳重发展，后者则更注重发展的速度与投入产出效益，政府对企业进入学校采取灵活

态度，企业对学校起着重要的影响。最后，地域化意味着校园的社区化，高职院校应与城市社区建立全面的交流互动框架，拉动区域产业发展，共享教育资源，如建设生产力促进中心，形成学校与社区共建机制，培训社区人才。

2.1.4 高职院校的规划特点

1. 以社区为单位的全局性及区域性

从教育与社会的关系看，校园空间结构应与教育结构相适应，教育结构应与社会经济结构相适应，才能体现教育与经济的良性互动与和谐发展。随着社会文明程度的提高，世界经济结构的布局也在发生巨大的变化，土地的级差效应使得越来越多的工厂、企业由中心城市向城郊转移。因此与生产一线紧密联系的高职院校的布局也应适当平衡城郊选址，从中心大城市向城郊、县城扩展，一方面有利于加强学校与企业之间的联系，了解企业最新的生产流程和人才需求，另一方面可以降低学校的办学成本和学生受教育的费用。

从世界高职教育发展的过程来看，各国高职院校都在发展的过程中不断调整布局结构，以适应经济发展的需求，如中国台湾省的大学最初都集中在大城市，20世纪70年代以来，学校不合理布局的弊端日渐显现，后来新建的大学重点考虑设置在中小城市，使得高职教育布局突破大城市，向小城镇延伸。中心大城市设立综合性研究型大学，配合中心城市发挥经济、文化、政治中心的优势，满足研发高新技术的需要，新设立的科技大学（相当于高职院校）、中等技术学院向小城镇、农村发展。以广东为例，广东的高职院校大多布局在珠三角发达地区，又以广州、深圳为核心，对珠三角来说，高职院校的分布比较不均衡，比如东莞作为世界闻名的制造业重镇，经济发达，直到2008年才开办了东莞职业技术学院，粤北、粤西与粤东等经济后发地区的高职院校就更少。学校规划发展的过程与生产布局紧密相连，因地制宜地选址与规划使得高职教育资源的区域分布与区域经济发展相协调。

我国高职教育资源分布不均衡，学校多集中在发达地区和中心城市，高职院校的布局从趋势上来说应该与社区或产业园区结合在一起，以社区为单位进行高职教育单位的规划有利于促进职业教育与社区教育、家庭教育、成人教育的有机结合。综合考虑社区的规模、人口、经济结构、教育等实际因素，科学地规划高职教育的规模与专业，考虑到区域性与地区总体环境的统一协调，充分参与社区教育。国内不少学校意识到社区教学的重要性，不过目前条件尚未成熟（现实情况是并没有政府牵头，也没有社区提出，并且社区管理在我国发育很不成熟），比如广东佛山职业技术学院的电大部门分离出去专门从事成人教育，并改名为"佛山社区学院"，体现了目前社区学院与高职院校之间功能错位与互不隶属，这类情况不止一例。另外，中国的职业教育和终身教育的概念与美国全天开放的社区学院不同，后者更类似我国社区性质的一个培训点，学生来自社区，社区提供升学服务。

2. 校园规划的生产性

高职教育办学成本高、政府投入少，所以建立灵活而有效的社会参与机制是非常必要的，如行业、企业参与课程开发和校园建设。企业参与通过三种方式进行校园建设：第一种是企业提供设备和人员，由学校基建部门建设校舍，场地应符合企业的技术要求；第二种是企业直接参与校园建设，如新加坡的教学工厂；第三种是学校参与企业培训机构的建设，如德国的双元制职教体系，企业与学校共同承担职业人才培养的责任。这个过程是逐步深入的，笔者认为高职院校的发展趋势是与企业融为一体，形成互相包容、互相渗透的一个综合体。目前，我国大部分高职院校都是在教育部门的指导下建设的，与行业联系相对松散，其校园规划主要立足于教学本位，生产性体现不足，有时会承接一些外包任务，也有部分高职院校已经采取了第二种方式。无论处在何种阶段，高职院校规划必须有一定的生产性，才可以保持与企业的同构，进而为未来建立类似"校企综合体"（或现代产业学院）的校舍新形态做好准备。

在美国，许多大学与高科技企业合作，如著名的哈佛 MIT 轴心、波士顿坎布里奇工业综合体、加州大学旧金山分校与斯坦福大学的硅谷，有数百个"工业—大学联合体"出现在美国大学校园内。逐步开展应用科学的研究是头部高职院校未来的发展趋势。近年来，工业和信息化部提倡的"现代产业学院"体现了这种趋势。不同的是，大学高科技园区承担研发与生产任务，高职教育院校所依托的产业园则增加了兼顾生产与培训的功能，如常州高职大学城的东区为实训产业共建区。政府投入一定的资金，其他资金通过开发南北地块商业价值来筹集。东区既是实训教学区，也是工业区，但没有规划宿舍。规划初期定位为大学城与科技研发功能，现建成的现代工业中心是共享的实训中心，但并非生产性的实训中心，二期将在东区的东面建立生产性的实训中心（图 2-1）。

3. 校园的开放性

位于社区的校园空间系统是一个开放的系统，它与外界环境不断进行着物质、信息的交换，在一定程度上也体现了城市空间体系的特征。系统的开放性必然造成系统运动因素的增加，是开放系统的固有特征。

高职院校由于办学理念与普通高校不同，对企业的响应程度、办学政策的敏感程度大于普通高校。职业教育开设的专业是与社会生产紧密相关的，所以高职院校承担的社区教育职能是利用学校的教育资源来开展各种职业教育与培训，包括全日制、部分时间制，短期培训、继续教育、失业上岗培训等，还要与企业产业结构调整保持同步，甚至超出预期。来自外界的物流与人流的矛盾在高职院校园内汇集，对校园空间发展的研究不能忽略外部因素的影响，不能把校园空间作为一个封闭的系统。因此高职院校比普通高校具备了更多的物质信息交换，即具备更大的开放性，表现在以下方面。

（1）界面的开放性：校园没有明确的界限，或者用软质界限隔离。

（2）形态的开放性：首层局部架空，形成各种流线，处置灵活。

（3）组团的灵活性：采用大空间模数制设计，利用道路骨架控制簇群发展。

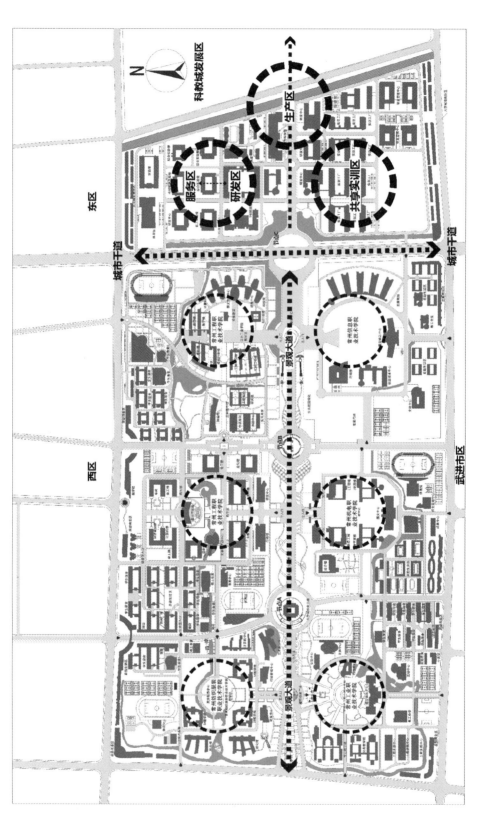

图 2-1 常州大学城

以苏州工业园区职业技术学院为例，该校早期建设在苏州工业园区内，校园非常开放，没有校园轴线与主楼，也没有宿舍，只有一块具有象征意义的校名牌，有两个出入口，甚至没有校门，周边为工业区（图2-2）。校园形态极度开放，并非一开始就作为"大学校园"来设计的。该校由园区培训机构升级为高职院校，校园形态符合功能的特点。

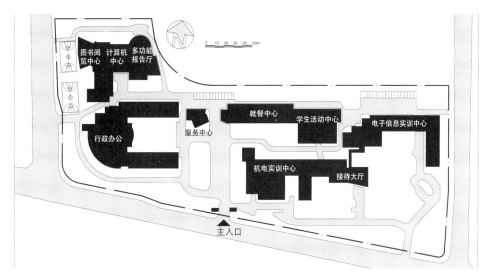

图 2-2　苏州工业园区职业技术学院

校园的开放性除了体现在校园形态，还体现在社会培训和社区教育。与普通高校不同，高职院校需要承担一定量的培训任务，《高等职业学校建设标准》提出培训部人员也是测算职业院校规模的参数之一，校舍用房需要考虑社会培训任务，如学生第三学年外出顶岗实习,对各类校舍未做折减,各类校舍都有一定的余量,可用于社会培训。培训任务比较重的学校应考虑将部分培训人员折算为全日制学生数量,增配某些校舍用房。校园的开放性与学校的社区化有关。随着时代的发展,校园开放性使社区培训及共享学校设施将越来越普遍。

4. 发展过程的非均衡性

在办学政策、经济条件、市场要求的影响下,校园发展水平体现了不均衡性。高职院校空间差异很大,表现在国家建设"双高"高职院校和民办高职院校的空间差异、文科与工科的差异。校园空间发展的非均衡性是校园不断发展的动力,校园空间系统的非均衡性不仅仅是环境的不平衡,也包括校园空间系统内部的非均衡性。高职院校虽然办学时间不长,但与产业结合密切,每个学校都有自己的龙头专业。随着经济的发展,学校内部的专业调整势在必行。因此,相对于普通高校来说,校园空间系统是一个开放的、远离平衡态的耗散系统。而耗散的校园空间系统具有自组织的能力从而不断形成非均衡的、有序的结构——耗散结构,它受到外界的扰动比普通高校更大,从而加剧了非均衡性。

非均衡发展的空间呈跳跃式发展,没有统一的规划方法。高职院校空间发展是一个典型的非线性系统,各个子系统之间存在着非线性的相互作用,发展态势并非简单受到几个子系统的叠加影响,而是一个因素的变化引起的一系列变化,这使得不同学校之间的校园发展模式具有多样性与不确定性。从国家建设"双高"高职院校的政策来看,政府鼓励学校根据自己的实际情况决定办学方式。

5. 校园生活的复杂性

大学校园若是脱离了复杂的生活,就会丧失活力。校园规划与大学生生活实际是一种同构的关系,大学生生活实际是大学校园规划的内因,大学校园规划是大学生活的表现形式。大学生的生活是一种由"校园人"走向"社会人"的成长生活,是人生中自我实现、自我增值的升华生活,也是与他人交往、与社会联系的生活。

大学生活有规律性、多样性、公共性三大特征。规律性是指学生活动有阵发性的规律；多样性是指大学生的群体生活具有多样性；公共性是指学生集中在一起学习、讨论、交往。

高职院校空间的生活性还体现在高职院校的学生组成比较复杂。普通高校为单一的全日制学生及研究生，高职教育因其特殊性，年龄不同、学历不同、来源不同的学生及培训人群、企业技术人员均会出现在校园内，其中大多数学生生活规律与普通高校相同（高职院校每年均有三分之一左右的学生在校外顶岗实习），短期的考试培训需要更多专门的校舍空间，高职院校更注重学习环境与住宿环境，不太注重体育运动和学生交往环境。在某种程度上来说，企业技术人员与教职工类似，但又紧密结合了生产（实训工厂）部门。这些人群的复杂性在一定程度上导致校园空间长期发展可能是非线性的发展，与注重形态设计的宏大叙事风格的大学规划差距较大。正如人们对城市的认知往往是通过空间认知来实现的，校园不可能停留在一个固定的形态，"拼贴"成为一种必然，这呈现出生活空间的复杂交织。在这个阶段中，校园需要一些固定不变的元素，它们是校园认知地图的关键点，也是生活空间的交织点，与这些节点产生联系有助于形成整个校园的意象。

6. 校园建筑的多尺度性

校园建筑的多尺度性包括时间的多尺度性和空间的多尺度性。一方面，大部分高职院校从中专或者成人高校转制而来，也有一部分高职院校成功升级为综合大学，其校园空间发展具有很长的时间跨度；另一方面，高职院校学习、生活、生产区域混合，工业园区教学与工业一体化，往往具备明显不同的空间尺度特征。例如，工科类别高职院校内的实训教学工厂，从严格意义上来说是教学区，但为了实现高质量的教学环境，其尺度和实际生产接近。校园空间发展的多尺度性也是高职院校空间复杂性的特征之一。如广州民航职业技术学院的机务教学楼是飞机维修及空中乘务的实训中心，占地 3500 m^2，结构跨度 60 m，可容纳波音 737 系列客机机务实训，其建筑尺度已超过了一般意义上的教学实训楼。

2.2 规划子系统的研究

2.2.1 功能系统

功能系统的内容包括功能整合、各功能区关系辨析和功能区布局原则。

1. 功能整合

功能分区规划是校园规划中最基础的一环，它基本决定了校园规划方案。功能分区是对设计任务和地形地貌的根本解答。早期的学院制大学（如牛津方庭）是没有功能分区的，因为其规模小，流线简单，在学科分类与教学理念上远远比不上现代大学。随着校园规模的扩张和学科的日趋复杂，校园规划开始出现功能分区，也是现代主义规划中重要的规划原则，即功能分区是按人的活动性质来区分的。1933年，《雅典宪章》将城市活动划分为四大功能，类似地，校园规划把校园活动划分为三种，即教学、生活与运动，并形成了三大区域。但是，城市活动不仅仅是四大功能的活动，更应该反映多样的城市生活。1977年，《马丘比丘宪章》倡导将那些失去了互相依赖性和互相联系性并且已经失去了活力的各个组成部分重新组织起来，强调城市规划的整体性和连续性，因此城市规划与城市设计在发展过程中逐渐转向对城市有机性、地域个性和宜人城市空间的追求，强调渐进式规划、参与式规划和可持续规划。在此趋势的影响下，大众参与的校园规划出现了，转向了个性与共性相结合、浪漫与理性并存的校园规划倾向，建设资源节约型和环境友好型的可持续大学校园，如亚历山大在《俄勒冈实验》中所做的研究。

校园空间是为人服务的，只有通过与人关联并提升校园空间的人文价值，才可以形成有意义的校园空间。校园空间应该在功能系统上进行整体的优化。大学规划中有传统三大区，即教学区、生活区、运动区。它们彼此形成了相对稳定和互相穿插的区域，品字形的结构较符合使用的要求，既互不干扰，又有机联系，在规模不大的一两千人的学校尚能如此规划（如同中学，也是三区并列结构）。随着校园规模的扩大，单一的三大区划分已经不能满足教学与生活的需求。大学规划发展至今日，校园功能分区已出现了两种倾向：第一种是功能分区的复合化，即某一功能区域内可能具备多种不同功能；第二种是新型校舍形成的新功能区。

功能分区的复合化是校园规模发展的必然结果，1992年的《普通高等学校建筑规划面积指标》中规模最大的高校人数仅有5000人。对高职院校规模与效益的研究表明，只有大于5000人才可以获得比较好的办学效益，因此无论是从我国教育资源的国情来看，还是从高职院校办学的规模效益来看，发展8000～10000人的学校都是日后的趋势。在2019年实施的《高等职业学校建设标准》中已加入8000人和10000人的职业院校，我国新建的高职院校大多是1000亩（1亩≈667㎡）左右的用地和10000人以上的容量，对于这些大规模的校园，假若分为纯粹的三大区，必将带来联系上的不便，产生大量的阵发钟摆运动，进而出现步行尺度的缺失、交往空间的破裂和校园生活的缺乏。复合化的功能分区模式将在一定程度上缓解这些矛盾，如核心放射型复合功能区与带形生长型复合功能分区。

校园规模的扩大产生了新的功能分区，如校前区，作为学校对外联系的区域，一般会布置行政楼与学术交流中心。这一区域对外展示了校园的形象，是城市空间向校园空间的过渡区。该功能区在旧形式的校园中存在，现在外移到学校门口，作为学校的"橱窗"。正因为其具备了特殊的形象展示功能，在某些条件下被过度强化，形成以"标志性主楼"为特点的礼仪广场，在一般情况下，这个区域是高职院校礼仪性的校园空间，其精神性大于实用性。有的校园规划淡化这个区域，以实用性为主。

高职院校有面积庞大的、造价较高的实训区，实训区与教学区同等重要，甚至更加重要。它是衡量一所高职院校办学实力的最重要区域，也是投资最大的功能区。这一点在建校历史稍长的高职院校更明显。如广东番禺职业技术学院，该校建校于

1996 年，是全国高水平的高职院校。该校于建校初期规划了面积庞大的教学楼、图书馆，并沿轴线对称布局，仅建设了单层的金工实训车间（现因不符合专业发展要求已经基本废弃），在日后发展时逐渐建设大量的实训楼（珠宝学院、软件学院、机电学院都有大量的实训楼，汽车学院实训楼在建设中），并考虑 10 m 大开间使用的灵活性。该校的功能规划强调生产环境第一。目前广东番禺职业技术学院的实训区域已经超过了教学楼与图书馆（图 2-3），当年规划的轴线早已弱化。

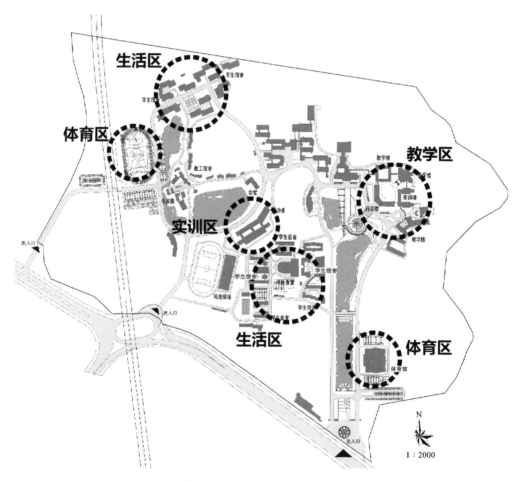

图 2-3　广东番禺职业技术学院

2. 各功能区关系辨析

亚历山大对城市中人的相互作用做了研究，对自然形成的城市与人工城市进行了比较，认为一个有活力的城市必须是半网络状结构，具备更多的可变性，结构更复杂。树形结构的城市没有任何一个单元的任何一个部分与其他部分连接，除非通过最高层次的单元。而半网络状结构则是一种开放的互联关系，有着不闭合与相互交叉的特征。在城市功能整合上应该注重功能区之间的便捷联系与复合功能区：第一，要以合适的距离联系；第二，要以多种形式联系。

在现代城市设计理论的影响下，当前大学校园规划呈现交通、功能、平面结构发展新方向，如多中心的校园布局、以步行半径为尺度的功能簇群、复合功能分区、紧凑集约的规划设计趋势，大型校园内形成了一种有组织的复杂结构，类似于在宽松框架下自组织的城市容器，既不是树形的，也不是混沌的、无组织的，它是有机融合、自适应的、精明增长的系统，也呈现了半网络状的形态。从社会和经济的角度来说，大学规划应尽可能错综复杂，相互支持功能的多样性，避免将有机结合的功能过分纯化。

在高职院校的发展过程中，校园的功能也日趋交织，形态复杂，正如校园空间的发展过程。高职院校的功能可以分为教学、生活、运动。这三大区域是相对广义的，因为其发展历史和教育目标决定了功能的复杂性。如普通高校倾向于系统性理论的讲授，需要学生掌握比较扎实的理论基础，高职院校则有大量的实训、实操，并不要求对理论知识进行系统掌握。因此高职院校教学区内包含了教学实训、生产实训、成人教育、理论教学、资料查阅、培训、学术交流等功能。就教学区与外部的联系来看，高职院校的对外生产、对外实训、对外培训的功能在未来将大大加强。从这些功能出发的生活支撑体系必然反映了高职院校教学体系的特点。教学区域可以大致分为教学实训区域、生产实训区域与成人教育区域，其他的理论教学、资料查阅、学术交流相对附属于这些区域。在生活支撑体系内，除了全日制的高中起点的高职学生，还有五年制的初中起点的高职学生、成人教育学生以及大量的接受培训的人员，其教育模式与管理制度有着较大不同。

校园功能的整合与校园的规模有一定的关系，霍华德的花园城市理论是将城市作为一个有机体，注意到了有机体的边界性，边界过大，会降低城市有机体活力。

校园如果要保持活力，则需要控制一定的规模，才能保持校园与城市、人与校园、人与人之间的健康关系。早期的高职院校规模不大，大多数从中专与成人高校升级而来。受到用地的制约，其功能区之间呈现了互相渗透的特点，体现了自下而上的校园建设过程。在以步行尺度衡量的功能区内，适度的密集与渗透更便于学生学习与生活。老校区占地一般在 100～200 亩，基本上在步行 400 m 距离内（步行 5 分钟），可视为一个校园单元。该校园单元几乎覆盖了高职院校全部功能。高职院校的新校区多在 1000 亩左右，设置 2～3 个校园单元较合适。从高职院校的规模效益来看，超过 15000 人的高职院校其效益将直线下降，故高职院校的规模是 5000～15000 人。

合理的校园协调单元应是包含了教学、实训、生活与生产在内的步行 5 分钟路程的单元。高职院校的特点是以实训为先，对于一个较大型的校园来说，实训区应当集中设置、分期建设。一是因为实训是高职院校的特色，实训区的重要性大于图书馆与主教学楼，实训与实习将占据大量的教学时间，大量校园教学行为与交往行为将在此发生，学科间的交叉也将在这里发生；二是实训区是高职院校投入最大的区域，高职院校生均教学投入是本科院校的两倍以上，建设资金大量投入到实训区建设，将这个区域分离成为几个单元显然是不符合集聚与规模效应的；三是实训区将承担一定的实际生产功能，分离的单元显然会阻碍生产区域的整合，并且高职院校将承担一定的社区教育功能，流线集中在实训区，更有利于梳理校园的交通流线。因此，校园协调单元将以实训区为共同的交集（图 2-4）。

3. 高职院校功能区布局原则

（1）以实训区为中心原则。

高职院校实训区是最能体现办学特色和办学实力的区域，也是重要的校舍，规划建议以实训区为中心组织校园空间。实训区与其他区域有着高效、便捷的联系。根据校园用地的大小形成品字形格局，整合生活区、教学区、运动区。实训区须承担培训和考核任务，其布局在靠近城市道路的位置。实训区还应当承担一定的生产

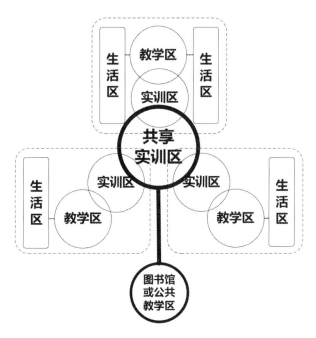

图 2-4　高职院校功能区簇群组合

功能，应充分考虑到设置工业区对实训、教学与生活的影响。一般来说，生产性的实训区靠近校园外部，模拟性或者文科类的实训区靠近校园内部。

（2）多样联系与功能复合原则。

校园的总体布局从强调功能分区到加强功能的有机联系，这是大学校园发展的必然，有助于形成校园空间的多样性，形成有层次的校园交往空间。复合的功能空间具备多功能、多相性的特点，当代高职院校的专业设置紧跟产业需求，并要体现一定的生产性。生产科技日益发达，其对建筑功能的包容性要求更高，因此赋予某一个空间以精确的功能是不合理的，也是不必要的。

目前大部分学校以校园的形态展示，故在规划中可考虑设置一定的校园风貌区。该区域可以是校前区，也可以是实训部分适合展示的区域，结合学术交流中心或者行政楼，作为学校连接内外、展示风貌的区域，并联系其他重要教学行政区。

对于生活区，有的高职院校设立商贸、财务和物流专业的配套区域，学生可以学以致用，学校可以将宿舍区域底层或者附近开放，使之成为学生的创业区，业态可以是餐饮店、快递站、书店等，由学校管理。

运动区布局应接近校园边界，便于对外开放。但是实际上新建高职院校一般位于郊区，很长时间内市民不会有共享体育设施的需要，另一方面，复合化的体育区更能满足学生的要求。因此，应分设多个体育中心，并将部分小型场地分散到生活区。一般来说，投资较大的室内体育用房应靠近校园边界副入口的位置。

随着大学生活日渐丰富，为了加强学生全面素质的培养，应提供施展学生才艺、增加不同专业学生交往互动的场所，锻炼学生适应社会和全面发展的能力，学生活动中心区域也日渐成为校园规划中不能忽视的区域。该区域可以与后勤生活区域的食堂结合在一起，形成富有活力的第二课堂。

（3）以校园协调单元为规划单体的原则。

校园协调单元为一个复合的功能区域，以实训功能为结合体，以步行400 m为大致尺度。大规模的高职院校一般有两三个协调单元比较合适。目前我国高职院校规划没有认识到实训区的重要性，但有的高职院校的规划已经有校园协调单元，比较明显地体现了实训的重要性，如东莞职业技术学院重视实训区在校园内的布局（图2-5），广东轻工职业技术学院南海校区利用实训教学组团形成簇群式设计（图2-6）。

（4）分期建设、预留发展用地的原则。

分期建设原则在任何校园规划中都是非常重要的，无论是资金还是入学学生，都不足以支撑一次性建成校园。一般来说，校园在首期建设完成后，应该形成比较完整的校园道路网络，并且至少形成一个完整的校园协调单元。各区均预留发展用地，而不宜为了形成礼仪性的轴线广场将建筑分布到所有用地。二期则是均衡发展阶段，根据学校教学需求，将空余的地方逐步建设成需要的校园单体。三期是基本实现总体规划的阶段。

高职院校规划的分期建设要充分考虑校企合作，为引企入校留有余地，有不少高职院校在建设过程中，对用地进行谨慎规划、认真论证，不轻易进行大规模建设，尽量从职业教育的特色出发融合企业学校。如果首期没有建设图书馆，学校可以利用其他校舍暂时替代图书馆，基本不影响教学，在充分论证后再开始建设图书馆。

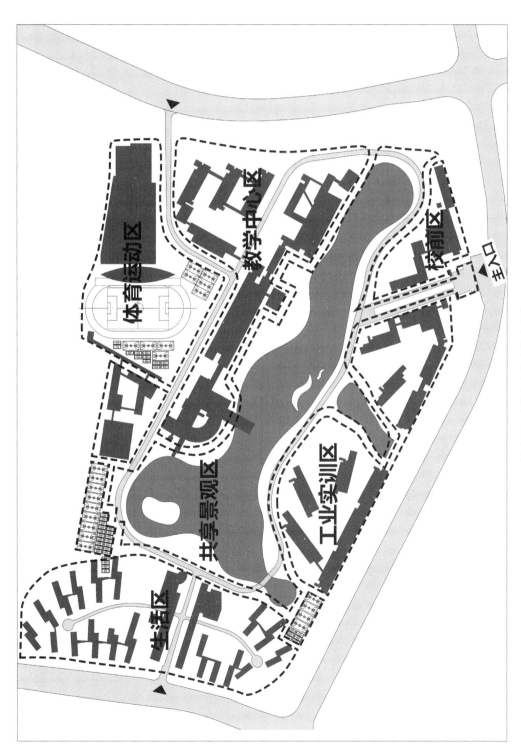

图 2-5 东莞职业技术学院方案

图 2-6 广东轻工职业技术学院南海校区

高职院校发展日新月异，难以预测实训硬件的建设条件，更要留有余地，审慎规划。

2.2.2　交通系统：适应职业教育的多种功能流线

大学交通系统是重要的规划系统，承载着校园内学生的出行活动。交通系统分析的内容是人和工具。下面将分析高职院校交通系统的特点和设计原则。

1. 交通系统的特点

（1）与普通高校的共性。

校园交通可以分为人行、机动车行与非机动车行。机动车可以分三种：一种是不进入校内的，或者仅仅在校内某个区域集中运行的车辆，如后勤保障部门车辆、校交通来往车辆；另一种是需要进入校区内的，如行政办公楼车辆、教学楼实验设备车辆；还有一种是教职工的私家车（随着经济的发展，这部分车辆数量较多，给校园的交通带来了很大的压力）。一般而言，采用圈层式（机动车在外围，中心区域完全为步行区域）的校园交通体系可以较合理地解决该问题。

校园交通具有很强的阵发性与交叉性。每到课间，宿舍区与教学区之间，或者教学区内不同的教学楼之间，大量的学生必须在短时间内到达目的地。在大型校园，教学区与宿舍区的距离超过了5分钟步行距离（400 m），非机动车将成为主要的校园交通工具。虽然非机动车具有运行费用低廉、环保、方便等特点，但与步行者在阵发区域还是会造成很大的混乱，甚至引起交通事故。大量的非机动车占用了很大的停车区域，白天占用教学区，晚上占用宿舍区，校园内的绿化景观面积因此减少。笔者认为，应将步行交通作为大学校园内的主要交通方式，规划以400 m为步行半径的校园单元，而且应有意将校园的交通路线规划得更加曲折，一方面可使交通工具减速，另一方面可引导步行者的交流行为，如休憩、观望、停留交谈。

（2）高职院校校园交通特点。

高职院校由于其办学层次低，规模比普通高校小，经多年发展，形态也相对复杂。大多数高职院校的步行交通都占据了主导地位，非机动车交通比较少。结合课间 10～15 min 的时间和步行速度（80 m/s），以 5 分钟步行的距离得出高职院校活动半径为 400 m。在笔者统计的大多数高职院校中，中心区的范围基本为 400 m。因此 400 m 是本书提出高职院校园协调单元的一个依据。一旦超过这个距离，单元之间的联系则不便，如常州科教城共享实训区与几个学校的距离过长，联系不便。

高职院校的交通特点不仅体现在实训区域的专业特点上，还体现在与社区教育相关的交通特点上，如培训人员的交通流线与全日制学生的交通流线分开。

高职院校经常有生产部门的一些运输原材料与成品的车辆进出。如苏州工业园区职业技术学院，它位于苏州工业园区内，与企业为邻，企业成为学校的实训基地，校内实训也承担了不少生产任务，交通复杂，加之校园面积小，所以不设校门，并设置若干架空校舍便于车行。

有些交通类型的高职院校，如湖南交通职业技术学院，因教学及实训需要，学校内建设了一条火车轨道（图 2-7）。广州民航职业技术学院花都实训基地，维修机库的流线贯穿了整个学校，成为最重要的流线，占地面积大，成为校内的主导交通流线（图 2-8）。

2. 交通系统的设计原则

（1）以步行半径构建校园交通体系。

以步行为主要模式的校园交通体系在组团服务半径、道路形态（宽度与转弯曲率等）上都有较大的区别。对于以步行为主的交通体系，校园交通体系与城市交通体系并不完全相同，城市交通的目标是迅速、安全地运输，以高效率、低事故率为主要诉求，而校园道路以步行者为考虑对象，考虑到课间 10 min 左右的学生的流动性，服务组团半径宜为 400 m 左右。在这个组团半径内，将生活服务系统与教学研究系统融合。将机动车交通通过圈层组合解决外围流线。要注意，高职院校内可能会有生产车辆，因此实训区域的交通流线还需要另外整合和梳理。

第二章 高职院校整体规划设计——局部大于整体　　55

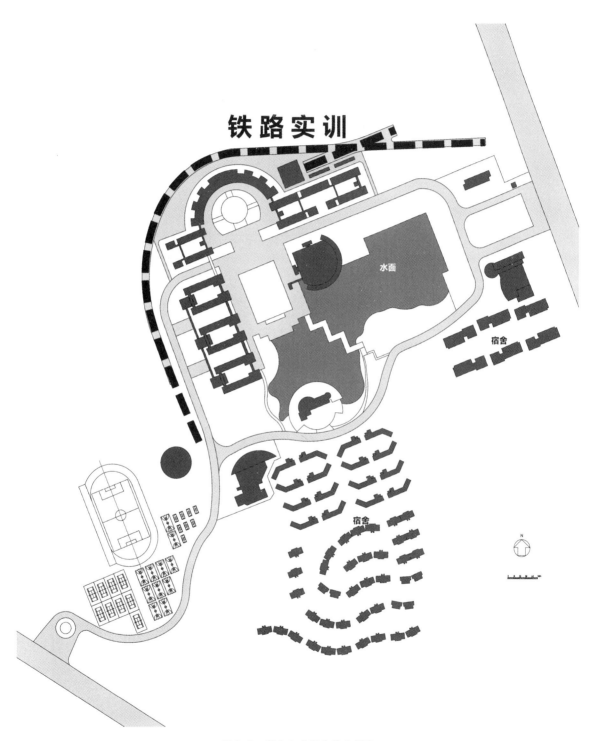

图 2-7　湖南交通职业技术学院

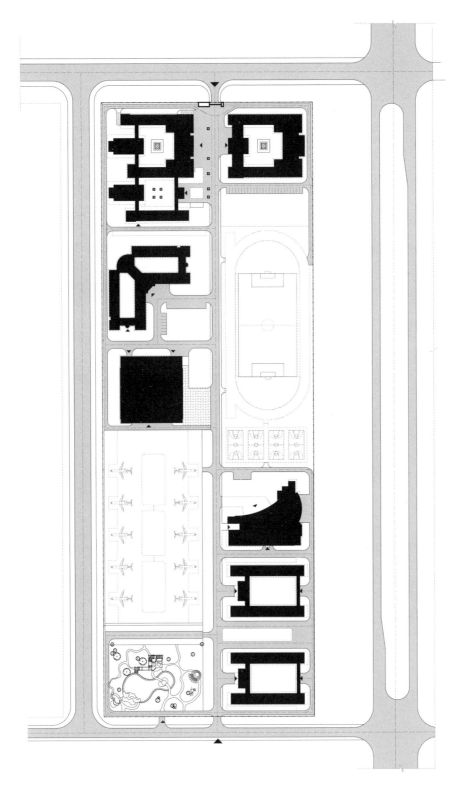

图 2-8 广州民航职业技术学院机场实训

（2）强化步行组织，营造交往环境。

交通体系除了考虑交通便捷，人文环境方面的诉求也是重要内容。应创造人性空间与宜人尺度，使校园道路从适应机动车交通回归到公共开放空间。在校园交通系统中营造良好步行环境非常重要，可以规划步行与车行混合区域，形成步行体系单元，将机动车适当布置在外围，形成圈层式的交通系统。对于地形复杂的校园，则应因地制宜规划交通流线。步行组织的强化及交往环境的营造始终是交通规划的重点。非机动车和机动车应实行交通管控，分时段分析人流动线，因不同出行目的形成的不同运动模式必然决定步行交通系统的特征，并将其归纳为集中步行交通动线。

（3）不同高职院校交通系统有其特殊性。

高职院校的专业差距大于普通高校的专业差距，必须根据不同专业的学校特点规划道路交通体系，如铁路系统、民航系统、公安系统的院校，其交通流线差异就非常大，都有其专业性和特殊性。高职院校的交通流线比普通高校更复杂、更多变，具备更多的个性。

（4）与城市或工业区道路衔接。

高职院校规模可能不及研究型大学，在以步行为基本组织单元的情况下，还需要考虑与学校外界的连接。新建的高职院校多位于郊区，交通不便，在校园与城市之间建设快速道路系统非常必要。快速道路系统可以作为学校与市区交通的有序连接，增强学校的辐射能力，使得资源能在更大的范围内得到共享。另外，学校并非生产部门，对交通物流的需求并不高，因此与城市的交通连接主要是教工通勤与学生周末出行，以及学生外出顶岗实习。新建的学校大多在国道（省道）的旁边，虽然距市区较远，但具备一定的空间易达性，为城市空间的发展与互动提供了较好的条件。按照城市空间生长的规律，将会形成交通辐射型的结构，有利于工业的分散与形成优美的环境，从而为学校的长远发展打下坚实的基础。

随着城市的发展，工业园区与高职院校逐步结合，如苏州工业园区职业技术学院原来是苏州工业园区内的一个职业培训机构，位于园区产业聚集的核心地带，处于众多企业包围之中,升级为高职院校后,学校设置的专业与周边企业保持同构,设置了大量的生产性实训基地(校外与校内),学校与工业园区的道路无缝衔接,弱化校门边界,也没有设置宿舍,其交通流线与工厂区相似,学生从校外居住点到学校上课,放学后回住处。职业院校可以与工业区道路对接,并保持一定的相似性,从而成为工业区的组成部分。

位于城市区域的高职院校更需要注意与城市交通的复合设计,完善校园周边的道路系统,并结合公交系统设置出入口、停车场与转乘点,并在适当的情况下,允许城市道路部分穿越校园,使得校园空间与城市空间体系交融互通,增加学校的社区属性,与城市交通同构是城市中心的高职院校最终走向社区的基础之一。

2.2.3 景观环境系统:高职教育人文与职业环境规划

1. 高职教育人文规划

文化传统是一个积累的过程,它的更新是一个渐变的传承过程。高职院校的建筑文化也是如此,其文化传统的演变决定了建筑的发展,校园建筑蕴含了大学的文化历史、人文精神、价值追求。校园建设与发展中保持文化系统的传承与延续,是对学校办学历史的尊重,只有很好地传承了历史,未来才能更好地发展。大学校园建设要尽可能地创造特有的形式来表达其文化内涵,日积月累才能形成其独特的校园风光和引以为傲的历史文化风貌,甚至成为所在城市的景点。

高职院校文化作为一个整体,有师生共同生活和教学的场所及其物质形态,有在发展过程中形成的办学思想、制度和规范,有师生在先进理念和价值取向引领下形成的教学、生活方式及人际交往方式,对应的是物质文化、制度文化与精神文化。高职院校的物质文化折射出高职院校内在的文化底蕴与文化气质,校园的规划与建设要体现高职院校自身的文化特色,反映高职院校的办学理念,体现艺术性和思想性。校园规划与发展追求现代性与地域性的和谐统一,追求文化品位,拒绝华而不实的"豪华"教学建筑。

高职教育的人文精神还体现在对学生职业生涯的人文关怀。高职院校虽然以职业为导向，但也应重视学生的人文素质培养，否则会沦为岗前培训机构，失去了教书育人的大学精神。高职院校还应认识到大学精神的扩展，其人文教育可以与职业教育和谐统一。如高职院校物质文化重视的"育人"功能，更多地秉承"以人为本"的教育理念，倡导人性化设计，既营造职业氛围，又营造校园的人文氛围。高职教育的功能从谋取职业上升到以人为本、教育优先。高职院校人文环境规划的成功与否将直接影响到校园物质文化形成的基础。

首先，高职院校的历史比较短，无论是建筑还是教育的文化传统都相对较弱，与综合大学相比可能缺乏深厚的人文底蕴，但其实高职教育比普通高等教育更需要人文教育。其次，高职教育学制较短，无论是教师还是学生的人文素养都应更进一步提高。最后，高职教育的目标是以行业与职业为需求，强调实用的知识教育，容易忽视人文精神的培养。从高职教育教学本位的进程来看，高职教育的发展越来越倾向于综合素质的培养，其中包含了人文思想的教育。

以高职教育本位发展脉络为线索，可以看到现代高职教育的综合素质倾向，如表 2-1 所示。

表 2-1 高职教育本位发展脉络

	时间段	特征	说明
知识本位阶段	第二次世界大战后到 20 世纪 70 年代	以普通高等教育精英教育为模板	以中职为职教主体，高职教育为精英教育，培养的人才质量不佳
能力本位阶段	1970—1990 年	以岗位能力、综合能力为本位	经济危机导致人才危机，用任务分析法拆解岗位，强调毕业即上岗，培养胜任职业群的人才
人格本位阶段	1980—1990 年	培养个体人格而非仅技能	起源于日本的终身雇佣制和美国的"劳动力本位"理论，知识更新周期缩短，应具备对技术革新与岗位变化的适应能力；职业教育与普通教育融合；学校本位与工作本位产学结合

续表

	时间段	特征	说明
素质本位阶段	1999年至今	涵盖社会、文化、职业的综合性、社会性的素质	科技经济的全球化，要求高职教育培养的人才具备基础性素质、职业性素质与创新性素质；关注工作问题、职业问题、生存问题

高职院校的人文素质培养包含在基础素质内，高职教育在人格塑造与养成方面一直被认为弱于普通高等教育，对学生的基础性素质与创新性素质培养的力度不够。高职教育不能只偏重于技能的获得，而需要将科学精神与人文精神有机地结合在一起。

普通高校加强人文素质培育可以通过自下而上的人文学科建设结合校园环境设计进行，如从人文学科建设开始，设置相应的专业，再到课程建设，结合校园历史与环境建设，从而提高学生的人文素养。高职院校由于培养目标的实用性和历史的短暂性，只能采取从上而下的传播方式，也就是加强校园文化建设。积极营造浓厚的人文氛围，是高职院校实施人文教育的首要策略。从这一点来看，物质层面的人文环境建设比精神层面的人文历史传承更重要。

校园人文传统是校园物质文化与精神文化的体现，校园人文的物质载体包括建筑的空间场所、校园建筑实体和虚化的历史事件符号。物质文化如校园建筑、公共空间、艺术景点，是校园文化的外在表现，也是校园人文环境得以形成的条件和基础。相对于许多新办的缺乏历史传承的高职院校而言，历史事件符号可能比较匮乏，使得建筑环境的育人作用在整个校园人文环境建设中占据着更重要的地位。

针对高职院校的特点进行校园景观设计，培育高职院校学生的人文精神，是高职院校园人文环境系统建设的重点。高职院校的人文环境规划更注重创新而非传承，在规划与建设初期，校方与设计方需要成立环境规划小组进行协商沟通，根据办学理念展开人文环境规划定位研究，确定人文环境的主题、设计原则、设计方法，进而得出设计导则,以整体化考虑高职院校的景观设计。

顺德职业技术学院于1999年成立,在规划时就对人文环境的建设进行了充分的考虑,校园建筑与景观成为校园人文环境的窗口,建筑与美术两个专业充分协调,沿着学校的中轴线设计了以人文为主题的系列标志性景观(图2-9)。学校的主校门结合半圆形校前广场的造型展示了学校广揽人才的胸怀。学院的标志"智慧之门"以中国古代科技史中精妙的稳定构造熏香球为原型,用现代铸造工艺打造。该熏香球在夜晚通过先进的照明技术展示奇妙的灯光变化。校园南北轴与东西轴交会点为"日晷",原型来自《隋书·天文志》,蕴含惜时、守时的意识,另外学校的信合广场、理念石、天鹅居都是校园的标志性景观,学校还计划在总体环境设计导则指引下分批建设若干具有标志性的人文景观,希望这种优美高雅、寓意丰富的人文景观在美化校园的同时也潜移默化地影响师生们的情感、态度和价值观。

图2-9 顺德职业技术学院校内景观
01-为智慧之门;02-为天鹅居;03-为校友林;04-为日晷

2. 高职院校的职业环境规划

高职院校规划首先要考虑到职业环境，即综合素质及其养成。高职院校的职业环境是高职院校特有的环境规划系统，与普通高校的学习环境和休息环境在设计目标上是相同的，如安静、惬意、舒适、自由交往。当代大学校园提倡泛化的学习环境，倡导活跃的介质参与，如沈阳建筑大学的连廊内设有网络接口，方便学生学习，这是校园功能复合化的表现。首先，校园空间的特色当然与学校的教学理念有关。高职院校的校园空间受到现代大学教育理念的影响，如强调以人为出发点的教育哲学思考，倡导人文、人性、人本的教育，校园空间重视开放空间的系统化与层次化、专业之间的交叉与渗透、无障碍的校园环境和可持续的生态校园建设。其次，校园空间的特色受到职业教育的影响，如营造校园的整体职业素质养成氛围，重视实践实训的生产化空间，重视人文环境与职业环境的统一协调。无论如何，教育的对象是人，校园空间的使用对象也是人，高职院校空间规划应该以人为中心，考虑作为人性的人与作为职业的人的两方面的需求，体现综合素质与职业素质的统一。

高职院校职业环境规划的另外一个特点是规训性。因大多数高职院校都是从中专或者成人高校转变而来的，有的学校还有五年制高职生，因此学校职业环境不可避免地有中专职业和养成教育的规训性。另外高职学生生源成绩一般，其自制力也差（特别是五年制高职生），规训化的环境可对校园的职业环境形成良好的引导，对学生毕业后适应讲求规范操作的工作环境也大有裨益。规训化的表现形式为校园雕塑、校园标语和挂饰。新建高职院校侧重于树立学校的荣誉感，如深圳信息职业技术学院学生宿舍山墙上"职业教育前途广阔，大有可为"、深圳职业技术大学工业中心入口的"今日我以深职院为荣，明日深职院以我为荣"的标语，民办院校的规训口号更有职业的意味。据调研，由中专升级的高职院校更注重综合素质的养成，其规训口号带有强烈的中等教育意味。这一点在旧校区尚不明显，在新校区建设中，不少学校都将规训标语设置在建筑上，这也是校方重视校园职业环境的教育理念（图 2-10）。

综上所述，职业环境养成是高职院校不可或缺的教育方向，在进行校园景观规划设计的时候，需要了解学校办学理念、校训、历史沿革等，并结合景观规划采用恰当的表达方法。目前大多数学校建成后由校方自行装饰，或者另找校园文化策划团队进行雕塑设计，未与校园规划同步，可能会显得比较凌乱和突兀。

3. 校园总体环境的形成

景观环境设计是介于校园规划与校园建设之间的阶段。景观环境设计应针对室外环境进行整合，避免在单体设计的过程中忽视室外空间。一个好的高职院校环境应该有以下两个方面的特点。第一，整体而细致的环境设计，包括人文景观环境设计与职业环境的整体设计，必须与校园规划及建筑设计统筹考虑。第二，要体现高职院校使用者的需求。这些需求是广泛的，包括学习的需求、生活的需求和交往心理的需求。

校园总体环境的内容划分如下：

（1）礼仪环境：通过轴线强调整体的严谨布局，校园中心为主楼或者图书馆（或者综合实训中心），重视轴线与广场的融合，强调高大宏伟的特点，强调轴线与功能分区。功能分区明确，平面的几何构图感比较强，但要避免仅强化礼仪环境，而忽视了其他更重要的环境的做法。

（2）教学实训环境：高职院校环境的主体是中心景观区。这里是学生人流集中的空间，也是交往行为大量出现的空间，应切实重视实训中心的环境美化，避免出现室外消极空间。实训环境往往被新校区的景观设计忽视，大量的资金花费在华而不实、无法使用的大型园林上，而实训中心周边环境则缺少美化。出现这个问题主要是因为认知上存在误区，必须摒弃"实训中心是厂房，环境脏、噪声大，应深藏遮蔽，不值得美化"的看法。

（3）交通环境：在校园中心区步行优先，设置步行设施，如座椅与桌台，既要注意合理设置交通距离，又要注意遮阴及适当的私密性。在实训对外区，应注意

图2-10 深圳信息职业技术学院和深圳职业技术大学标语

防止外来流线对步行流线的干扰。

（4）生活环境：生活环境包括住宿、体育运动与商业服务等区域，其要求是环境优美，设施完备，使用方便。虽然该区域可能有社会化经营，但也要考虑到校园的整体环境。此外，高职院校内的生活环境可能与实训环境交融，如管理类、财务类的实训。

（5）交往环境：应控制一定的尺度，分散于校园内部，并且采用多种多样的表现形式，并非简化为在教学楼走廊端部的大面积"交往空间"，而应与其他空间融合，形成公共、半公共、私密几个层次的交往环境体系。此类环境应当从人的行为和心理出发，细致、认真地进行环境设计，尤其要关注交往环境的细节。

（6）校园标志物：根据校方历史传统与办学理念统一规划，整体设计。其表现形式可以为雕塑，也可以为校训标语，甚至是某些历史悠久的校舍，要形象突出，具有纪念性与代表性，并具备一定的延续性。整个标志物环境系统是人文教育与职业教育的统一体。

2.3 规模选址及指标

2.3.1 关于校园规模的研究

1. 高校规模的经济性

规模经济是指企业规模达到一定程度后，就可以带来生产集中的效果，提高生产率，降低生产成本，带来乘数效应，使得企业更有竞争力。但规模效应并非是无止境的，它受到资源与竞争的约束，达到一定规模后，效益将越来越低，甚至出现负效益，只有再次迈过门槛，才可以产生新的规模效应。城市经济、人口、空间存在规模效应，高校也存在规模效应。

高校的规模经济表现在随着办学规模的扩大,单位教学的成本呈现下降的趋势。高校规模经济的产生主要是技术、经济的原因,即由生产要素的不可分性、劳动分工与管理的专业化、知识交流的报酬递增和交易的费用所决定。本节讨论教学生产要素在高职院校规模经济形成机制中所扮演的角色。

生产要素的不可分性是指各种物质生产要素都具备不可分割的最小单位,只有这一最小单位整体运作的时候,要素的功能才可以发挥,系统才可以正常运转。就高职院校来说,无论其规模大小,都必须有教室、图书馆、实训中心、校舍,尤其是教学仪器、实训设备,它们有很强的专业性和不可替代性,为了保证教学质量,这些投入必不可少。当学校规模较小时,这些资源利用率低,生均成本较高,学校在短期内扩大招生规模,虽然增加了一部分投资(如实训的能源、材料和教学用品等),但整体规模扩大后,学生增加的比例大于投资增加的比例,将提高资源利用率,这种非线性即高校办学的规模经济。单个学校扩大到一定招生规模时,教学要素就必须进行扩容。首先就是宿舍的规模,因为住宿是一个必须解决的问题,基建部门在扩招后最需要做的就是扩大宿舍空间。一是因为高职院校的生师比比研究型大学高,因此适当扩招才能满足要求。二是高职学生的实训实习可以灵活多样,并且扩大实训并非仅仅是增加土建工作,还包括产生高昂的费用。三是社会提供的人力、物力、财力资源有限,有条件的学校就进行了合并,或者进行集聚式的发展。高教的大规模发展还取决于中央政府与地方政府的大力推动。

校园规模首先取决于学生的数量,2019年实施的《高等职业学校建设标准》(《19指标》),将高职院校分为综合一类(工科类)、综合二类及师范类(文科类)、工业类、农林医药类、财经政法管理类、外语类、体育类及艺术类,后两类规模都在3000名学生以内,前六类最多1000名学生,《19指标》经过充分的调研和对有关材料进行分析,使得各类学校都能符合标准要求,办学规模通过学校设置的专业数量、教学质量、办学效益、教学组织与管理等各方面的因素确定。

高职院校的学生按照专业来划分,高职教育的特点是"教、学、做"一体化进行,其校舍有大量的理实一体化教室,主要是教学实训和实际操作技能的培养。

以往的研究将九类高职院校统称为"专业学校",认为综合大学专业多、学科多,规模理应大于专业学校。对比《普通高等学校建筑面积指标》和《高等职业学校建设标准》,普通高校的规模是5000人、10000人直至20000人,高职院校的规模是5000人、8000人直至10000人。简单地用综合大学、专业学校作为学校的标签从而确认规模是不合适的。职业技术学院在学校性质类别上也分为综合大学和专业学校。高职院校即使是综合大学,在规模上也并不比其他类别更大。大规模的高职院校也不一定是综合大学,学科结构决定到底是综合大学还是专业学校。学校的类型与专业组成百分比有关,假如一所5000人的学校其专业配比符合相关政策规定,则可定位为综合大学,也可以定义为理工院校。但在《19指标》中,高职的综合大学与本科的综合大学在教学内容上有较大区别,前者重技术技能,后者偏重理论,各类院校也类似。指标中只列工科学校,未列理工学院,因高职院校都偏重技术技能,基本没有偏理论的专业,故指标中没有理工类。以广东省2023年的88所高职院校为例,共有综合大学45所,理工院校22所,财经院校7所,政法院校1所,体育院校2所,艺术院校4所,医药院校6所,农业院校1所,广东农林院校均为本科大学,如仲恺农业技术学院、华南农业大学。高职院校中综合大学占51%,理工院校占25%。对于高职院校来说,综合大学和理工院校的类别和办学的专业组成相关,并没有高下之分。比如深圳职业技术大学是理工院校,而很多民办的高职院校是综合大学。

2. 分析《普通高等学校基本办学条件指标（试行）》和《高等职业学校建设标准》的规模

上文已经对相关文件进行了梳理,《普通高等学校基本办学条件指标（试行）》将本科与高职院校的占地与校舍面积指标等同起来,取消了《普通高等学校建筑规划面积指标》高职高专生0.9的折算系数,在高级职称教师比例、图书馆生均进书量、生均计算机数量上做了区别,高职相当于本科80%的指标数量,这反映了两个事实:一是管理部门认为高职院校在用地与校舍方面并不比普通大学少;

二是根据高职教育情况适当下调图书馆、计算机和研究人员指标。政策不宜也不能将二者拉开过大差距，毕竟目前职教本科与应用本科也越来越相似，特别是一些头部高职院校其实已进入应用研究的领域，需要考虑教育政策的延续性及应用本科全面转型的需要。图书馆新进高职评估指标中的确规定了实训面积，实际上大部分高职院校都不满足该条件，特别是工科院校，其制造业专业要求的实训规模大、要求高，在校园规划和建筑设计中很难满足要求，从数据上来看，理工类高职院校能满足人均 8.3 m² 实验实训面积和计算机数量减少也反映了高职院校更注重实操的环节。

《高等职业学校建设标准》（《19 指标》）对高等职业学校规模进行了区分，设为 5000 人、8000 人、10000 人，并规定了相应单体校舍建设面积指标，其编制的初衷是把普通高校和高职院校区别开，特别是注重了实训的环节。该指标在大量调研和访谈的基础上，以学生为主体，合理设定校舍用房和面积，既不超越目前阶段，又能满足发展需求。在实际建设中，不少高职院校都有 10000 人左右的规模，甚至更大。

3. 对人数规模的研究

以广东为例，2022 年广东高职院校一共有 88 所，其规模见表 2-2。

表 2-2　广东高职院校学生数量分析

人数规模	百分比	备注
小于 5000 人	14.77%	新建高职，民办高职、专业高职
5000～10000 人	14.77%	新建高职，经济较弱地级市
10000～20000 人	37.50%	较常见，大多数位于省会广州
20000～30000 人	22.73%	较常见，经济强的地级市
30000～40000 人	5.68%	大规模扩招后，合并多个校区
40000 人以上	4.55%	超大规模，有多个分校

从上表得知，高职院校规模主要在 10000～20000 人（37.5%）和

20000～30000人（22.73%）。因为高职院校除了满足地区经济发展的人才要求，还需要满足规模效益。从纵向比较，十多年来，高职院校规模越来越大，一方面是因为高等教育毛入学率的提高，另一方面，在规模增加到一定程度时，人均成本可以下降。有研究指出：高职院校规模在10000人以下时扩大规模可以显著节约成本，提高办学效益；规模在15000人以上时，生均成本的节约不那么显著，资源利用效率逐渐下降，从生均教育经常性支出来分析，最小支出（即办学效益最高）的适度规模是10000～15000人。笔者十余年前的调研显示，当时广东高职院校8000人以上规模偏少，在调查中，无论是5000～8000人规模的高职院校还是大部分3000～5000人规模的高职院校，都表达了对扩大招生规模和征地扩张的愿望，如5000人以内的佛山职业技术学院、佛山纺织职业技术学校、深圳信息技术学院、肇庆医学专科学校，5000～8000人的广州民航职业技术学院、广东工贸职业技术学院、广东机电职业技术学院等学校，都已经完成征地或已经开始建设，力争在三年内达到万人以上规模。实际上在广州、深圳一线城市，两三万人的学校并不少见。十几年前的万人高职院校均已经建成新校区，广东高职院校的办学效益较为显著。现在看来，十几年前的发展蓝图基本已经实现，3000人的高职院校和部分3000～5000人的学校基本由刚起步的民办学校和艺术类、体育类组成，民办学校资金比较匮乏、招生比较有限。另外文体院校的办学定位导致其很难大规模扩张，因此这一部分高职院校发展比较稳健。

目前大学校园征地规模的计算是将一定时期（如"十三五"规划末期或者"十四五"规划两个时点）学校各类在校生人数和教职工人数按国家规定系数折算，用国家规定的人均占地标准计算出学校应占用建设用地数量，再将新老校区实际占用建设用土地总数与应占用建设用地数量进行比较，得出应该征用的土地规模。因此高职院校面临扩大规模的机遇时，以前以《普通高等学校建筑规划面积指标》作为下限来取得用地，《普通高等学校建筑面积指标》建议容积率0.5（《高等职业学校建设标准》未提及容积率），故其办学规模确定的原则是教育部门从历年高考人数录取率和地方人才需求数确定招生人数，并按照3～5年内规划给学校以办学指引，如 3 年内达到 10000 人规模，远期 15000 人规模。地方政府根据远期规划人数划拨土地和配置校舍面积，并分期实施。按照生均 67 m² 和大约 26 m² 校舍建筑面积的规模去制定发展计划。但是实际操作中，土地一直是稀缺资源，经济发达城市一般很难按照办学总需求面积通过 0.5 容积率计算配置土地。就广东而言，许多地级市的高职院校是从当地的师范学校升级而来的，地方政府迫切需要通过发展高等教育来提升竞争力和拉动经济，对高职院校用地划拨不遗余力，经济后发地区均建设了相当规模的万人校园，不过办学水平依然较低，发展前景并不乐观。因为学生人数的确定与教育部门的教育规划有关，归根结底与经济建设水平、产业种类配备有关，特别是高职院校作为服务地方的高校，其人数（规模）与专业建设是否与当地经济挂钩甚至成为高职院校评估的一项重要指标。这表明了教育划拨用地和建设规模在一定程度上还处在各地政府引导和总体统筹不够的状态，其中起着决定作用的是政府，其次是学校，企业的作用很小。

综合性质的高职院校的规模以 10000 人左右为宜，其中应保持一定的 20000 人规模的比例，因其辐射能力较强，中心城市广州、深圳各有几所，但数量不宜超过 15%。经济水平发展一般的地区更无必要按 10000 人以上规模圈地，控制在 8000~10000 人比较合适。高职院校的办学规律也无须求大求全，其立足点在于与地区经济发展水平的紧密结合。动辄万人规模、千亩用地，既浪费土地资源，又不利于高职教育未来分散式融入地区。超过 20000 人规模的学校应当设置独立管理的分校，否则效率低下，教学质量不高。世界顶尖大学的规模大部分是 15000 人左右，考虑到高职教育的办学定位与教育成本，对于重点发展的高职院校，20000 人的规模应该是可以接受的。从办学要求上来说，高职院校至少需要 500 亩用地，对于新建高职院校，按照办学指标第一次建设人均 20 m² 校舍，也就是说第一次投入必须完成 60% 的建设量，并且在 4 年内达到 2000 人以上规模，因此新建高职院校必须按照 2000 人规模来规划，考虑到教学资源的最高效率，新建高职院校的人数规模在 3000 人左右比较合适，远期发展规划尽量接近 5000 人。就《高等职业学校建设标准》而言，调研显示我国多数高职院校人数在 10000 人以内，如规模再大，生均指标会有所降低，对学校也不利。民办高职院校希望指标偏低，但为保证办学条件，制定的指标不宜过低。另外，教育主管部门不希望学校规模越来越大。故《高等职业学校建设标准》最大规模定为10000人是相对合理的。根据沿海省份办学情况，可把最大规模定为20000人。故笔者认为高职院校合适的规模如下：

最大规模（30000人）：实力雄厚的高职院校，承担应用型科研任务，需设置独立管理的分校，分校之间是保持紧密互动的联合体，每个分校保持10000人规模。

局部大规模（10000～20000人）：局部重点扶持的一线城市院校，具备一定的创新能力，与综合大学共同规划在高科技园区或者工业区。

合理规模（10000人）：建议大多数高职保持该规模，以便将各学校相对分散布局到各城市，培养一线操作人才，同时也获得良好的办学效益，提升所在城市的教育及经济发展水平。

成长规模（5000～8000人）：在满足生师比的基础上逐步扩大招生。

初始规模（3000人）：新建的高职院校初始规模。

体育类、艺术类的高职院校保持在3000～5000人是较合适的。

4. 对容积率及用地的研究

在《普通高等学校建筑面积指标》中建议校园容积率为0.5（体育院校为0.45、艺术院校为0.6），删除了原来《普通高等学校建筑规划面积指标》用地的硬性规定，但是条文说明提出了建议容积率的概念，规划主管部门并不赞同明确将生均用地及容积率写入，但是从高校发展的未来考虑，站在学校学科发展的角度，为未来发展留有余地，经过教育部与国土资源部的协商，不写土地指标，用容积率来表达。《普通高等学校建筑面积指标》的指标是下限。教育的标准是一样的，学时都是一样的。唯一有区别的是学生宿舍。经济欠发达地区宿舍指标有争议，建议不低于8 m^2，考虑了西部地区的情况。

《普通高等学校建筑面积指标》建议校园容积率为0.5，是为了保证有一个良好的办学环境。事实上大学形态多，容积率差别非常大。硬性规定容积率一方面使校园规划形态呆板，空余用地变成大广场，楼间距过大，另外0.5的容积率带来第一次建设用地的浪费。这种一刀切的指标虽然预留了发展空间，但实际上带来了不便。调研情况也反映了这一事实，老校区经过多年办学积累，其容积率比较高，其实并未对办学有太大影响，反而诸多新校区功能区之间联系非常不便，如按照《普通高等学校建筑面积指标》建议的0.5容积率建设，将会有大片的绿化及广场空置，楼栋距离较大。建设指标建议校园容积率为0.5，其实是为学校以后的发展预留空间。调查显示，广东高职院校的容积率相差很大，从0.2到1.3不等。低容积率的院校是刚完成第一期建设的新校区，建设若干年后，容积率将达到1.0，超过1.0容积率的学校可能会寻求新的用地建设新校区，因此，建议比较可行的容积率是在项目立项阶段尽量按照0.5～0.6规划新用地，初始容积率为0.5，最终容积率为1.1左右。如当年最高容积率的广东科贸职业学院，前身是农业干部管理学院。两个校区位于老城区的五山与石井区域，在2010年时容积率高达1.2。建设清远新校区后，该校容积率降为0.45（以产权面积计算）。

为了鼓励交往行为和解决人群疏散的问题，校园建筑一般不是高层建筑，雅各布斯称城市的生命力在于多样化和"密度之需要"，同样校园人流密度必须达到一定程度才可以保证校园交往行为的发生。亚历山大在《俄勒冈实验》一书中指出，为了保持人在公共建筑中的尺度，校园建筑应做成三四层的小型建筑，并用拱廊连接。结合我国国情，从节约用地、建筑造价和使用方便出发，大学校园采用五六层的单体建筑是比较合适的，既不是高层建筑，也能保持一定的建筑尺度感。高层校舍一般只用作校内的研究机构和行政机构，不能将教学区设置在高层建筑内。多年前的调查显示，当时广东高职院校不少老校区有高层建筑，特别是一些由重点工科中专升级而来的高职院校，一栋高层建筑包含了众多功能，这一点和美国社区学院在城市中的布局比较类似。

表2-3为有高层校舍的高职院校老校区抽样。

表2-3 有高层校舍的高职院校老校区抽样（2008年广东教育报表）

校名	校园用地/m²	总建筑面积/m²	容积率
广东交通职业技术学院老校区	102035	97972	0.96
肇庆医学高等专科学校老校区	79920	74633	0.93
佛山职业技术学院卫国路校区	3992	12755	3.20
广东农工商职业技术学院粤垦校区	173342	283329	1.63

表2-4为无高层、用地受限征地发展的高职院校老校区抽样。

表2-4 无高层、用地受限征地发展的高职院校老校区抽样（2008年广东教育报表）

校名	校园用地/m²	总建筑面积/m²	容积率
广东工贸职业技术学院老校区	87133	74500	0.86
广东纺织职业技术学院老校区	64855	91329	1.41
广州民航职业技术学院老校区	242213	190742	0.79

从表2-4可以看出，有的高职院校容积率高达1.4，但未兴建高层，其教学环境极度密集，交往空间受到极大压缩，办学条件比较恶劣，已经影响到了教学质量。

根据以上数据与实地考察可知，高职院校建筑容积率的临界点是0.8。低于0.8，学校依然可以有不错的环境；超过0.8，则可能新征地或者兴建高层校舍。对文科院校而言，0.8~1.0都是可以接受的容积率。如广东外语艺术职业学院，即使容积率达到1.0，也依然可以接受，无须建设高层校舍。因制造业类的高职院校需要建设大跨度的实训中心（工业中心），大部分是单层大空间建筑，导致建筑密度较大。文理科院校普通教学楼按照5层左右建设。

在一定条件下适当提高容积率可以创造适度紧凑的建筑布局和尺度宜人的校园空间，《高等职业学校建设标准》建议的0.5的容积率明显偏低，应当按照学校实际情况上下浮动，笔者认为合适的建成后容积率应在0.7左右。在城市用地紧张的情况下，容积率再提高20%都是可行的。另外需要考虑学校的学科设置，以工科为主（90%的学科为工科）的院校因其需要大量的实训用地，容积率尽量控制在0.8

以内；政法、外语类则可以适当调高 20% 左右；艺术类院校教学场地较大，容积率也可以调高 10%。另外，容积率的大小与用地环境有重要关系，用地内有坡度较大的丘陵、大面积的池塘或者其他不宜建设的地段，建议用可建设用地面积来计算容积率才可以达到较经济的规模。

5. 对建筑密度和单体指标的研究

以 8000 人规模的高职院校为例，根据《19 指标》，生均约 26 m² 校舍面积，如容积率为 0.7，按照校舍平均层数 5 层计算，则得出建筑密度为 14% 左右，总用地面积为 29.71 hm²，生均用地 37 m²，这个数字是相对合理的，14% 的建筑密度预留了学校未来发展空间。但如果按照《19 指标》建议容积率取值为 0.5，则校园总用地为 41.6 hm²，建筑密度 10%，生均用地 52 m²，则比较浪费。广州钟落潭高校园区按《城市用地分类与规划建设用地标准》中的第 II 级用地标准来确定用地，达到 75.1～90 m²/人，在一线城市标准过高。笔者认为 45 m²/人是比较合适的。如容积率从 0.5 提高到 0.7 则可节约 30% 以上的土地，应加强对校园集约化用地的研究，也要为学校发展和未来学科建设留有余地，以契合我国低碳绿色的发展趋势。

《普通高等学校建筑规划面积指标》规定，生均图书馆的面积为 2.03 m²（按 5000 人综合大学）与 1.61 m²（5000 人工科院校），是不宜超过的上限，而实际立项的时候按照下限来考虑。很多学校此项数据差距颇大，高职院校正处在发展过程中，一方面很多学校难以达到指标，故评估办学条件时，政府控制的是下限，另一方面，新建的图书馆又按照上限来取值。《普通高等学校建筑规划面积指标》中综合大学与工科院校差别过大。《高等职业学校建设标准》进行了修正。8000 人高职院校图书馆生均面积降为 1.33 m²。高职院校的图书馆使用率有其特点，与研究型大学不同，原因如下。第一，高职院校的教学定位为培养一线操作技术人员，设备和技术更新很快，不可能也不必要统编教材，这一部分资料基本上是讲义，不同专业的讲义差别较大，没有必要进行统一管理。第二，高职学生学制为三年，第一年为基础课,第二年为专业实训课,第三年顶岗实习。低年级自习的学生使用图书馆较多,高职院校图书馆的设座率低于15%。第三,高职院校教师定位为双师型的人才,并非研究型教师或研究人员,因此并不需要图书馆的研究功能,更需要分散式的各系图书资料室与教研室。因此,图书馆的人均指标还应适当下调,其数据需要根据实地调查研究决定。调查显示,广东省高职院校人均图书馆的面积相差很大,面积达标的都是位于一线城市实力较强的学校,如深圳职业技术大学、广东交通职业技术学院、广东轻工职业技术学院等,不达标的都没有建设图书馆。其他绝大部分高职院校图书馆生均指标在 0.5～1.1 m^2。在此提出,对于高职院校来说,《普通高等学校建筑规划面积指标》中的图书馆指标偏高。图书馆在教学中使用率不高,考虑到未来成长性,应该将指标降到 1.1 左右比较合适。对于不同类型的高职院校,指标应不同,如文法类高职院校可适当增加,理工类高职院校可适当减少。

关于实训与教学的面积指标,高职院校的学生是按照专业来划分的,其教育教学的特点是以教、学、做一体化的方式进行,主要强调和突出教学实训与实际技术技能的培养,不同专业所需要的教学实训场所的面积各不相同,比如工业类、农林类、医药类的专业所需要的教学实训面积相对小些,所以首先要按多数学校专业结构学生数量的情况,确定一定的专业结构比例,再来测算专业教学实验实训用房与公共课教室的面积指标,笔者采用广东所有高职院校的指标数据进行比对。该数据库是 2008 年的,执行的是《普通高等学校建筑规划面积指标》中将教学与实训分开的校舍分法,教学实训比例是最能反映高职教育特点的。该比例反映了高职教育对实训实操的重视程度。数据显示,工科院校(示范高职院校均为理工类)教学实训比都接近 1。另外从师范学校升级的高职院校教学实训比也很高。另外越小型的高职院校,其教学实训比就越大。民办学校的教学实训比较大,因为民办的高职院校专业多数是文理科类。高职院校将在院校类别上体现出教学实训比的不同,浮动范围大。就理工、医学、农林类院校而言,教学实训比越小,该学校规模和实力越强。《高等职业学校建设标准》将与教学实训密切相关的用房组合成一个指标,如教室、专业教学实训用房及场所、教师教研办公用房组合成一个总指标,下面分为 3 项分指标，根据高职教育的特点，适当减少教室的面积，适当增加专业教学实训用房及场所的面积，有利于学校对教学实训用房统一规划建设，统一安排使用，提高使用效率，有利于实行教、学、做一体化的教学组织形式。

关于学生宿舍，《普通高等学校建筑规划面积指标》规定的学生宿舍 6.5 m^2/生的建筑面积显然是不够的，故《普通高等学校建筑面积指标》《高等职业学校建设标准》均建议学生宿舍为 10 m^2/生的建筑面积。住宿条件是内走廊式的带阳台、卫生间的四人间，我国大部分学生宿舍的都是按此标准建设的，符合我国目前的实际情况。在《高等职业学校建设标准》中学生宿舍建议值是 8～10 m^2/生，低值是为了照顾发展不平衡的西部院校，学生宿舍为 6 人间。

2.3.2 校园发展决策与选址

1. 校园发展决策机制研究

影响大学校园发展决策的因素有客观因素与主观因素。

客观因素是国家政策法规、大学实力。国家政策法规是决定大学校园建设的根本性因素，政府及学校的经济实力是限制开发行为的主要因素，包含了人力资本与资金资本两大内容。资金是制约校园发展的决定性因素。资金来源有三个，即政府拨款、学校自筹（学费与银行贷款）、社会捐赠。不同渠道的资金，其影响力也不同，可以分为"急剧性资金"与"渐次性资金"。前者是以一种集中方式在短期内使校园产生重大的质变，从而生成另外一种形态；后者则维持校园逐步更新、稳步发展，是大多数高校长时间进行的校园更新行为。1998开始的扩招带来校园大发展，这是来自政府大规模投资的"急剧性资金"，日积月累的校园有机更新则是"渐次性资金"的推动。高职院校比普通大学的建设高潮要晚几年，特别是现阶段很难得到来自政府的"急剧性资金"，更多的是在总量的基础上如何优化增量。

主观因素是决策主体与决策程序。高职院校的地方性与专业性决定了其发展决策受到地方政府教育政策与产业布局的双重影响，地方政府、企业界与校方均会介入。而目前的情况是，高职院校的发展与策划是在企业参与度不大的情况下进行的，即使企业有一定的话语权，也是通过政府的意志得以实现，企业的直接要求很少能体现到校园的规划设计中。大学校园发展的决策主体应是政府、校方和建筑师。

我国的行政管理体制决定了政府高级管理层对高校建设具有最高决策权，其他各级部门为决策层收集、加工和汇报信息，并执行高层的决策。尽管建筑师可以通过编制方案与专家评委共同参与决策，但最后的决策权往往取决于政府部门组织的专家评审，并由更高一层级的领导做决策。因此，政府部门在对校园发展做出决策时，很可能受到行政绩效和个人审美价值的影响，而忽视了校方与社会的实际需要。在政府主导的公共开发建设过程中，这种现象具有一定的普遍性。当然政府判断与实际使用需求并非一定存在不可调和的矛盾，但这种机制在高职院校发展过程中确实起决定性作用。当前建立科学的决策机制和效益评价体系尤为重要。

校方是校园的直接使用者，其出发点是尽量获得最大的资源控制能力与运转效率。教育是公益事业，教育不可以产业化，校方面临的市场竞争不算激烈，其风险较低，基本不会出现为了最大化利益进行的投机行为，因此校园发展建设中"产业化"的举措要少得多，大部分是土地置换、抵押贷款、对外出租临街土地来盘活发展资金。不排除有的大学为了超规模发展而借贷过多，影响日后的可持续发展。在我国目前建设体制下，大部分新校区都与政府投入息息相关，所以，在新校区的建设过程中，校方是仅次于政府的决策者，政府部门主要关心的是校园的外在形态、内在环境和建设能否按期完成并在约定的时间内达到教学规模，政府希望通过建设高校来提高经济增长的质量，校方更关心的是获得多少资源（用地、容积率、建筑总面积）。两方各有侧重，但不会有不可调和的矛盾。

建筑师在校园建设的不同阶段扮演着重要角色。在项目建议书立项阶段，建筑师以专业人员的身份对建设指标进行分析并提出专业意见，影响到政府与学校决策层。在设计阶段，建筑师的优势在于对大学校园发展有丰富的理论和实践经验，可以帮助拓展决策层的知识视野和把握未来的发展趋势，以避免不专业的意见影响了校园设计的方向。建筑师的劣势有三点：一是从经济利益出发希望获取设计权，迎合强势价值观，造成方案设计的审美短视；二是本身专业水准有待提高，过分重视诸如构图与外形等因素，易受个人喜好影响；三是建筑师能掌握的信息渠道相对较少，缺少对高等教育理论的研究，分析问题时缺乏系统性与整体观。在校园发展过程中某些强势建筑师的意见有时候会成为决定性的因素，但大多数情况下会屈从于决策层。

大学校园建成后归根结底是用于教育的，对于高职院校来说，除了作为教育的场所，更多的是来自企业的共建共享。广义上来说，校外实训基地（现代产业学院）和校内实训基地都是校园的延伸，因为我国现行职教管理体制中的校企联动机制尚未完全建立，企业对内部的实训基地有较大决策权。在德国，双元职教制度下的企业培训是被政府部门认可的必不可少的高职教育环节，以法规的形式纳入了教育主管部门的管辖范围。多数情况下因企业追求短时间经济效益和利益分配问题，经常出现的是校方热、企业冷的局面。为了解决这一问题，2022年教育部办公厅下发《现代产业学院建设指南》，首先在应用型高校中，在与产业联系紧密的高校中建设若干与地方政府、行业企业等多主体共建共享的现代产业学院，协调新工科、新农科、新医科和新文科融合发展，支持经济高质量发展。学校在规划建设中要提供相对集中、面积充足的物理空间，加强实践教学。另外，要建立校企联动的高职院校建设发展机制。在前期建设阶段应当联合企业以一定的方式介入，如成立校董会、管理委员会等，企业（或者行会）应该拥有一定的决策权。校董会是高校内部治理结构较成熟的模式，限于公办高校体制，有些高职院校成立了不以营利为目的的校董会，但没有股东这一层次。如广东顺德职业技术学院在刚筹建时，举办了一次万人募捐活动，筹得三亿资金，由专门成立的校董会来管理，日后也一直保留该机构，突破了体制，校董会的宗旨是"政校企合作，产学研结合"。该院是副厅级单位，校书记是市委副书记，同时也是校董会成员，校董会还包含了众多海内外企业家与知名人士，他们不参与管理学校日常运作,但在学校重大决策问题上发挥作用,在新校区规划建设、与社区联动(成立顺德生产力促进中心、高科技产业孵化基地)等重大事件中发挥了很好的协调决策作用,做到了政校企一体化决策。

2. 选址倾向的研究

对于新校区建设,当前国内大学发展的选址倾向有三种:第一种是集聚选址,第二种是散点选址,第三种是毗邻选址。

集聚选址一般见于中心城市,中心城市经济文化发达,教育资源集中度高,高校集聚在一起,自然形成。如广州五山高教园区,始建于1943年,历经半个多世纪的发展形成融于城市的高教集聚区。也有政府主导的建设的高教园区,如广州大学城、南京仙林大学城,其特点是短时期内应急式的教育资源集聚,其优点是快速推动城市化进程和经济发展,提升城市文化品位,满足教育需求,但也带来了一系列的弊端,如资源共享率低、浪费土地、变相开发、注重形式主义、孤岛式教育等,新老校区的文化传承、学校与城市的关系等诸多问题也引起业界反思。目前的大学城模式并非国内发展高等教育的正确途径,针对目前大学城发展的问题,有学者指出大学城的最终出路是三区一体(即校区、园区、住区一体)的城区。随着人口增加,规模扩大,现在郊区化、半封闭状态的大学城将必走向城市化。

国内以职业教育为特色的职教园区统计如表2-5所示。

表2-5 国内部分以职业教育为特色的职教园区统计

名称	地理位置	规划占地规模 /hm^2	规划学生 /人	依托园区
温岭职教城	浙江台州温岭	20	10000	早期建设,无共享设施
永川职教城	重庆永川新区	1200	130000	永川工业园区
东莞职教城	东莞松山湖	3000	150000	松山湖产业园
无锡职教城	无锡藕塘	1800	150000	与街道一体化
常州科教城	常州武进区	490	70000	常州高新科技园

续表

名称	地理位置	规划占地规模 /hm²	规划学生 / 人	依托园区
长沙职教城	长沙雨花区井镇	130	30000	湖南环保科技园
株洲职教城	湖南株洲	424	57000	专业间的整合
合肥职教城	合肥瑶海区	671	120000	瑶海工业区
广州钟落潭高校园区	广州北部钟落潭	1000	100000	空港产业区
广州科教城	广州增城	1438	200000	富士康科技小镇

散点选址是指学校脱离老城区在城市其他区域散点建设，是新区开发的有效手段，也是均衡布置教育资源的必要手段，更适应推进产业链和专业镇建设，可以有效推动县域经济的发展。如广东的"大佛山"合并了佛山、顺德、南海、三水和高明，除了南海狮山大学城集聚了广东轻工职业技术学院、广东东软学院、华南师范大学南海校区，其他重点高职院校形成了散点式的布局，基本做到每个区都有一所高职院校并毗邻工业区，将教育资源分散到各区域内，结合各专业镇的城市规划战略特别是工业区的布局，满足该区域的人才需求，提升各专业镇的创新能力。工业区也给学校提供实训机会，真正做到以企业为主体、以市场为导向、产学研结合，形成广义的高职教育及产业区。从现阶段我国高等教育资源偏紧和区域发展不平衡的角度出发，高职院校散点选址要优于集聚选址。因为高职院校与普通高校的定位是不相同的，使其在专业镇与工业区毗邻而建而非集聚在一起"共享"，更符合其办学定位。硅谷的成功并不是高校集聚、设置高科技产业园就能做到，众多模仿硅谷模式失败的实例也不少，硅谷的成功是多种因素共同影响的结果。我国高校集聚区的多年实践表明，没有管理机制上的根本变革，没有强大原创能力的研究型大学，集聚区没有足够的吸纳能力，没有足够的城市生活支撑体系，即使人为拉近了各高校的物理距离，资源共享和知识效应也很难实现。

毗邻选址是指新校区位于老校区的边缘，或者与老校区距离近，可以节约城市中心的土地资源，提高经济效益，有利于充分利用城市资源，形成良好的办学环境，其前提是建立在学校与城市互动的基础上,而且建成区附近为城市区域,涉及的问题较为复杂,需要全方位的统筹安排,完全毗邻的情况并不多见。毗邻而建的优点是非常明显的,可以保证校园文化连续、生活便利,保证教学质量,但是否符合城市产业规划则是一个值得考虑的问题。因为高职院校不但要融入城市,更要融入产业带。另外,两种校园文化移植与融合、校园空间结构变化、功能区域杂乱等问题也值得注意。可见在高职院校发展过程中,毗邻选址的情况更加多变,受到多种因素的综合影响和牵制,直到最后一两个因素成为决定性因素,如土地价格、政府规划引导。有的学校没有毗邻扩张的条件,宁可放弃市郊更便宜的地块,选址也要尽量接近老校区,以便保证教学及生活质量,如深圳信息职业技术学院(图2-11)及中山职业技术学院(图2-12)。

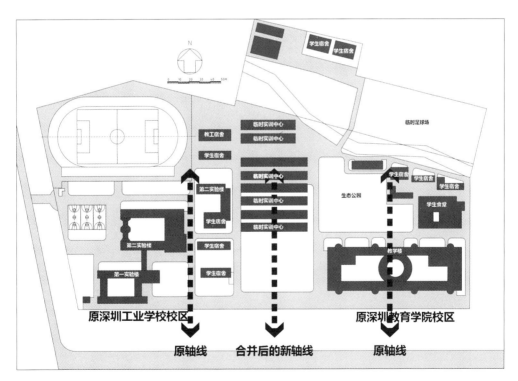

图 2-11 深圳信息职业技术学院校区轴线

如图 2-12 所示,深圳信息职业技术学院由两校合并,向西扩张,形成两条校园轴线。中间并排的临时实训板房是占用教育学院田径场建造的中山职业技术学院。

其新校区毗邻而建，合并中山中专，重新建设校区，从而导致校园结构的巨大变化，形成了新的轴线与功能分区。

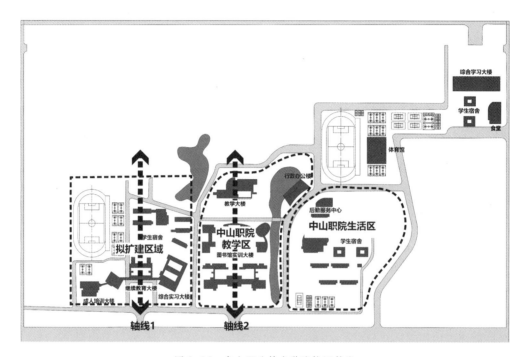

图 2-12　中山职业技术学院校区轴线

3. 高职院校选址需考虑的条件

高职院校与普通大学定位不同，选址时应考虑高职院校具备广泛的社会性、职业性与大众性的特征以及城市产业发展的方向。从学校的角度来说，新校区选择具有一些不同于其他高校需要考虑的条件。

（1）教育资源布局及产业布局。

高职院校要以本地优势企业群为中心，紧扣产业优势来布局教育资源。以珠三角地区为例，该地区产业集群有一定的区位优势，其教育布局优化要注意以下几点。第一，要贴近产业集群（专业镇）区域。因产业集群规模大，人才需求有稳定性、批量性与同质性的特点，这是设立高职院校的地方支撑条件。第二，规划高职教育布局结构时，要坚持按照区域平衡原则配置职业教育资源，避免教育资源过度集中造成浪费。第三，产业集群区内的高职院校学科建设要整体规划、科学分工，甚至可以组成高职教育集团（并非物理距离拉近的大学城），实训基地能够做到共融共享。佛山市的几所高职院校均衡布置，不求"扎推"，如顺德有顺德职业技术学院，南海有广东轻工职业技术学院和广东东软职业技术学院，三水有佛山职业技术学院，高明有广东纺织职业技术学院。除南海狮山位于高新科技园区外，其他职业技术学院都设置在一般的产业园区内。对比广东专业镇和高职院校的分布，二者并非完全对应，因地域的影响，珠三角拥有大部分实力强的高职院校，粤东、粤北地区因经济落后，亟须发展高职教育。

（2）城市产业发展方向。

高职院校不仅要与城市产业布局紧密联系，还需要与城市产业发展方向相协调，对于集聚式的选址，考虑到其作为城市的重要组成部分和具有较强的拉动经济作用，应结合城市产业发展方向进行选址。如广州大学城位于广州南拓的发展方向，深圳大学城位于深圳西进的发展轴线上，而珠海大学城则偏离了珠海向西的发展方向，对珠海城市发展的推动力不大。广州钟落潭高校园区以职教为特色，设置在广州白云区与花都区交界处，紧邻"空港产业园"。空港附近将大力发展附属产业，包括空港对周边产生的需求及空港的供给所产生的间接效应，符合广州"南拓北优，东进西联"的战略选择。

以广东产业集群的纺织业为例，广东纺织业是目前中国最大的产业带，包括张槎的针织布，西樵的梭织布，虎门的服装镇，大朗的毛织布，盐步的内衣，里水的袜业，均安、新塘、开平的牛仔等。这些专业镇的纺织业税收占当地财政收入的50%以上。各镇虽然距离不算远，一般都在100 km以内，但分布很散。广东纺织职业技术学院只有一家，老校区在西樵（作为对比，长三角是我国另一个纺织产业带，布局的纺织院校有五六所），因纺织院校太少，无论如何选址，都不能满足产业镇平衡发展的要求。高职院校布点与专业镇应协同并举。一般来说，专业镇在前建设，高职院校布局在后推动，但也有例外，比如高明区因为有了广东纺织职业技术学院新校区，对其纺织重镇的集聚形成也有重要作用。高职院校分布均衡有利于专业镇的培育与发展，从而促进产业、地域、教育、社会的协调发展。

（3）经济制约因素。

从土地经济学的角度分析城市空间结构变迁动力机制，可以看到，基于供需关系的价格决定了土地资源的分配。资本流动影响土地需求的变化，土地需求造成地价变动，地价的变化则对城市空间结构产生影响，城市用地因而重新配置。如工业与低价格的住宅外迁，将地价较高的中心区出让用于建设商业区、办公区与高级住宅区。校园选址与城市地价息息相关，在现阶段几乎是决定性的因素。

对于不同经济实力的城市、不同办学实力和不同办学历史的学校而言，选址的差异也很大。如在发达的中心城市，中心地价高，可用地少，如果高校选址动辄上千亩，政府和学校也无法承担高昂的征地成本，因此大部分教育用地要远离城市中心，减少拆迁成本，即使有的学校早期圈占了不少土地，但在经济因素作用下亦要通过老校区置换得到更多的土地与收益。政府在划拨土地给教育和出让土地给城市开发之间做平衡选择，在这种情况下，学校的话语权并不大，特别是高职院校，政府可能会从工业区结合和带动后发地区来综合考虑及均衡布局。

（4）偶然性因素。

高职院校发展很不平衡，这是一个不争的事实。选址过程就算考虑了以上条件，也不能排除偶然因素的影响。在众多高职院校选址拿地的过程中，偶然因素占据了相当大的比例。偶然因素不是对教育布局、产业布局、城市发展的考虑，而是一种偶然机遇，比如政策的有效期、土地的价格问题等。在很多案例中，学校并没有条件对以上几个因素进行反复思量，反而是时机和价格促使学校下定决心。比如与主管部门的工作配合力度、土地的价格、供地的时间和难度，已成为学校选址优先考虑的因素。

（5）自然条件。

自然条件是学校选址应考虑的因素，从当前的用地情况来看，市区已经很难满足大学扩张的要求。一般来说，上千亩的大学用地都只能在市郊大学城或者工业开发区内进行选址,这些地区首先应该具备便利的交通条件,不占或者少占农田,周边用地应具备较多的弹性储备土地,以应对未来发展之需。其次,应尽量减少拆迁量。另外,用地应具备良好的地形地貌条件,不能有过多不宜建设地带,否则未来扩建将有较大难度。同时选址还应考虑有便利的基础设施建设条件,如电力、给排水和燃气。

4. 选址的原则

从政府宏观管理的角度来说,选址的原则与上述条件并不完全一致。和以上选址考虑条件的出发点又不一样,政府从宏观产业经济和教育规划的角度来确定高职院校选址的原则。

(1)聚集与分散相结合原则。

高职院校的布局要兼顾区域经济发展的不平衡性与国家产业发展战略,要认真研究总体选址布局是以产业(行业)为导向还是以区域平衡为导向。高职院校选址布局的目标就是要改变计划经济体制或历史形成城乡差异导致的高等教育资源过分集中于中心城市的格局,中心城市容纳了全部的985、211高校,高职院校承担起教育公平及大众化的大任,应该面向更广泛的地区,并将呈现区域化的发展特征。高职院校布局选址要从省会城市集中式(集聚式)向地级市、县级市延伸。

(2)综合考虑择优原则。

综合考虑择优原则是指不能以任何单一的因素作为校园选址的依据,任何选址依据必须符合当前发展阶段,在高职院校实力普遍不强、教育资源缺乏的现阶段,应选择合适的发展战略。这就需要整体分析,综合选择。一方面,选址要充分引入市场经济意识,讲求投资效益的最大化;另一方面,不能完全忽视正确的引导,避免短视的行为。综合考虑择优原则必须坚持经济效益、社会效益和生态环境效益的整体统一。

(3)顺应城市发展方向原则。

校园选址与城市规划统筹考虑,通过开拓新的区位引导城市化的顺利推进,积极开拓城市新区，促进城市空间结构优化。其作用体现在以下方面。第一，利用集聚的高教园区促使城市形成新的生长极，如广州大学城符合广州南进的发展方向，大学城选址在番禺小谷围岛，形成了广州市区与南沙港之间的生长点，利用高教聚集区或者单一高校选址来带动地区的城市化进程，并通过该区域的极化与扩散过程，形成一个核心增长区域。第二，利用高校园区选址有计划地组织城市空间发展时序，政府必须将公平与效率相结合，从社会发展、区域平衡与城乡协同的角度出发，有计划地组织高教园区选址，集中力量带动区域均衡发展。如蕴含"南拓"概念的广州大学城建成后，广州市又在广州北部建设新的钟落潭职教大学城，作为新的增长点打通广州市"北优"的通道，这样的先后顺序与广州城市总体战略发展一致（图2-13）。大佛山区域建成顺德职业技术学院、南海狮山大学城之后，又有计划地将几个高职院校分布在各个行政区域内，并以有序的方式逐步推进片区职教园区建设。株洲职教园区也重点发展职业教育，带动高端产业发展，整合周边的田心科技园、中南林业大学以及宋家桥工业区等资源，发展高新技术产业和企业科研孵化基地，形成区域教育和创新中心，成为株洲城市发展的引擎，推动株洲城市空间增长（图2-14）。又如宁波职业技术学院选址在宁波北仑经济开发区，与宁波的发展方向是一致的。

高职院校选址涉及众多方面。首先，应与城市区位发展战略协同一致，应从整体考虑，综合择优。其次，从高职院校的社会性、职业性、地区性的特点出发，集中与均衡布局相结合、办学与办厂相结合。再次，要充分认识到偶然因素的决定性作用，我国高职院校发展历史仅二十余年，处在高等教育融通阶段，学校实力很不均衡，获得的发展机遇也不均衡，许多无序竞争的选址行为正反映了这个阶段的特点，甚至可以说，现阶段偶然因素在高职院校发展的过程中起了决定性的作用。从耗散结构的动力学原理来看，有差异的非平衡系统是动态发展的系统，无差别的平衡系统是没有发展动力的系统。一个动态发展的高职院校空间系统当然是有差异的、非平衡的。这是当前我国高职院校发展的重要动力机制，但这并不意味着政府可以放任高职院校无序竞争选址，政府部门应切实加强引导，用真正符合高职院校发展

图 2-13 广州大学城与城市发展方向

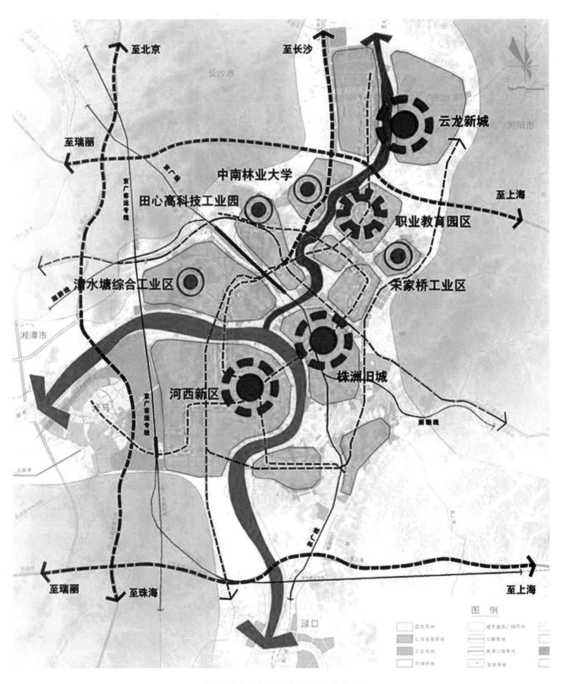

图 2-14 株洲职教园区区位分析

的选址因素来引导学校正确选址，避免因偶然的因素（如时间和费用）导致高职院校选址欠妥，给以后几十年的发展埋下不安定的因素。

2.4 高职院校改扩建

2.4.1 老校区的特点分析

我国现有的高职院校大部分来自20世纪的"三改一补"。以广东省为例，广东省高职院校一共88所（截至2022年），除了1999年后建校的，多是新建的高职院校，位于市郊，其他大部分都位于城市中心发展区域，是校园改建更新的对象。校园改建更新是对原有校区内的已建成环境进行维护、改造和填充式的扩建。

高职院校老校区改建更新所面临的困境在于中专升级为高职院校后硬件资源紧缺、师资教育方面的软件资源紧缺。在2010年前，这类矛盾比较尖锐，随着我国经济的发展，教育理念的更新，大学校园的功能、格局、指标、办学理念、学校文化制度都发生了质的飞跃，在高职院校建设中表现为校园面积的扩大、人数的增加和各专业建设的升级。因大多数老学校都是由中专转型的，发展历史虽长，但缺乏规划，功能区交错，校园风貌混乱，对校园文化的培育也带来了障碍。当然其中最突出的矛盾就是校园用地不足和功能无法满足基本教学要求。

在这样的情况下，大部分学校的优先选择都是征地建设新校区，政府很可能回收位于市中心的老校区地块并进行土地置换做其他用途，这样学校通过土地置换在郊区取得了更多的土地，放弃了在老校区持续更新的选择。另外一种情况是，在已经开始建设新校区的情况下，校方能保留老校区。从学校的利益来看，当然希望保留老校区，使得新老校区都能延续已有的校园优势，分述如下。

第一，高职院校的老校区具备比较强的场所感和历史传统，所代表的是独特的校园文化，是可读的历史片段，其特征是外显的，容易被人感知并能感动人。这些校舍与场地形成了校园的场所感,是一所学校的无形资产,是文化传承的载体,是校园宝贵的历史,具备不可再生性。很多高职院校的老校区来自"三改一补",历史可以追溯到培训机构时期,彼时还未建校,留下了诸多并非校舍的建筑,在校园改造中不能简单地看到它的物质功能而忽视了非使用层面的精神功能。目前很多高职院校并未意识到这一点,因为长期紧张的办学条件,校方忽视校园办学文化的延续,先满足功能需求,只有条件允许的时候才开始考虑校园文化传承。如广东河源职业技术学院的行政楼,复制了老校区有历史文化感的老隆师范学院旧办公楼(图2-15);广东交通职业技术学院则通过保留20世纪70年代水泥厂的遗留建筑——一幢不具备功能的水塔得以见证时代的发展(图2-16)。

图 2-15　河源职业技术学院复建老隆师范学院旧办公楼

图 2-16 广东交通职业技术学院保留的水塔构筑物

第二，老校区的生活比较便利，对于高职院校的教师而言，职业教育双师制在教师管理体制和实际教学实践中存在一定的问题，比较合适的做法是聘用兼职教师。便利的居住条件有助于教师对学生进行全面辅导，有利于教工的人际社会交往。学生生活便利，与城市生活交互机会多，利于培养学生的全面素质。

第三，老校区具备人文环境优势，与周边城市区域比较，老校区的开发强度较低，开发时间比较长，绿化覆盖率高，容积率相对较低。在校园改扩建进程中进行填充式发展，其容积率基本不会超过1，基本不会建设高层校舍。因此老校区具备环境优势。

第四，老校区具有校企结合优势。高职院校大部分来自重点中专，其在最初办学时隶属于某个行业或者企业，为校企合作提供平台，最初常常是厂校一体化的布局。不过随着时代的变迁，很多工厂迁到外地，学校还在老城区，校企结合的优势没有以前那么明显。从行业影响的范围来看，很多前身为中专的高职院校与行业管理部门还同在一个地域中，比如广东水利水电职业技术学院与珠江水利委员会、广东省水利厅毗邻。对于行业指导办学来说还是有着得天独厚的优势的。

老校区的位置也会带来发展的劣势，比如土地资源非常有限、建筑功能混乱、校园面貌复杂、设备管线老化失修。老校区在扩建改造中存在着历史资料不全、用地狭窄难以开展施工作业问题以及其他不可预见的因素，并且在规划中难以保留优秀的历史建筑和大树，校舍面积一旦不能满足要求，就要拆除并重新设计更大的建筑，建设中未必能全面认识到继承校园文化传统的重要性。很多学校认为中专本来就是培养技工的，没有什么值得保留的校园传统。事实上就学校发展而言，无论中专还是大专，或者研究型大学，都是一步步延续传统不断发展的。

2.4.2 改扩建老校区的发展方向

当前我国已进入工业化后的产业升级阶段，每个国家在工业化进程后都面临学习化社会的建设,我国目前已经进入大众型教育,未来的高等教育必将跨入普及型阶段,与研究型大学不同,高职院校是大众型教育的主力军,也将在这一难得的发展机遇中找到自己合适的定位,部分头部高职院校已经进入应用研究领域,职业教育的高端上移态势明显。这个阶段大学的特点是多样性与开放性。

改建老校区必然会整合城市空间与校园空间,同时,多年发展的城市外部需求与内部重组也会给校园带来冲击。城市空间发展的动力是政策力、经济力与社会力的共同作用,功能混合的城市逐步向同心圆拓扑形态靠拢,核心是CBD商贸区,然后是居住区,外围则是转移的工业区或者新居住区,达到一定规模后又会形成多中心的城市簇群结构。高职院校搬迁到城市外围土地价格较低的区域,是城市空间发展动力机制推动的方向。大学校园改扩建示意如图2-17所示。

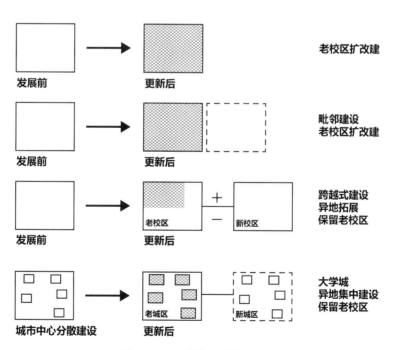

图2-17 大学校园改扩建示意

另外,社区建设、产业结构升级对高职院校建设提出了新要求。工业经济与知识经济并存的格局将长期存在。产学研一体化的趋势导致大学校园类型细分。高职院校将作为融入社区的教育机构,逐步与社区、产业区(开发区)、校区统一规划。城市居民也有使用校园物质文化资源的权利,校园规划密切联系城市物质、文化、产业结构,建造开放性校园格局,积极参与推动社会的计划与技术发展,是未来高职院校发展的方向之一。

最后,人文主义校园建设对高职院校发展提出新的要求。人是校园环境的塑造者,要建设多样化的高职校园文化,一方面要体现产业特色与职业特色,另一方面也要重视学生人文素质的培养。在改扩建中设计者主要关注功能和流线问题,容易忽视人文环境建设的重要性。另外,校园安全问题、校园空间性别问题也是值得关注的问题。

2.4.3 改建校园的协同发展策略

1. 多样化校园形态适应多模式教学

老校区要把握国际上倡导的建设学习型社会的机会,加强中外高职院校校园规划的交流,吸收国外高职院校的优秀校园规划经验。将教育场所扩大到工作场地,同时也可以将工作场地延伸到校内,积极推进校企共建,形成多样化的校园形态和多模式教学方式,充分发挥自身的环境优势,承担社区内大众教育的责任,为最终一体化的大学与社会创造条件。加强人文环境建设,增加对外交往,拓展多渠道的教学、生活、工作空间。

2. 与城市空间协同发展

老校区要沉着应对城市空间发展,深化校区内涵建设,精细化管理现有存量校舍,创造富有场所感的校园文化环境。政府部门应利用政策确保城市中心教育功能地块的存在,不能被动应对城市开发,导致高职院校老校址被过分侵蚀。保持城市中心区域多样性应做到开放学校边界,与城市空间复合一体,通过公共设施(图书馆、体育设施、实训考核培训设施等）共享、校园空间结构与城市对接（步行交通体系网络式对接、车行体系圈层式对接）、容纳城市生活文化对校园的渗透（与社区共建）、承接市区企业生产型实训的布局（与厂区共建）为产业结构升级提供教育支持。

3. 生产力文化与校园人文相结合

高职院校往往有更多的职业规训元素，并且有加强的趋势，但是，高职院校并不是纯粹的职业技能培训机构，在改建中不能忽视校园文化的传承，高职院校也要加大对校园文化和人性关怀的关注。

综上，高职院校老校区改建的核心战略是与社区和产业协同发展，从功能、经济、地域、人本、文化、综合层面简要总结，见表2-6。

表2-6　改建高职院校协同发展战略

	协同目标	协同战略
功能层面	产业需求、政府需求、教学需求	（1）把握城市空间发展规律，探索教学新模式； （2）设施共享，多样化办学； （3）城市与学校空间对接； （4）政府协调，推进校企共建
经济层面	节约资源、可持续发展	（1）集约发展，关注生态，节约资源，适度紧凑； （2）功能复合，形态开放，共享资源； （3）渐进规划，社区参与
地域层面	校园建筑富有地域特征，体现产业特色	（1）改建应展示建筑地域性； （2）改建应强化区域产业特征与职业特征
人本层面	人际交往、安全性的需求	（1）加强学校人文教育； （2）创设活跃交往空间，创设绿色校园
文化层面	先进产业文化、校园文化、地域文化的结合	（1）延续和建设校园历史文化； （2）体现产业文化、地域文化，融合产生新文化
综合层面	兼收并蓄，多模式的校园形态	以产业为主导，以校企合作为出发点

2.4.4 扩建的校园协同发展策略

高职院校的另一种发展路径是扩建，本节谈及的扩建并非在一块独立新用地上进行建设，更多的是毗邻而建，或者合并其他已经建设好的学院进行改造。高职院校在几十年发展过程中，出现了不少这类扩建院校，如两所毗邻的相近行业的中专合并升级成高职院校。

1. 扩建的机遇和问题

在学校获得发展的机会时，对于校方来说最好的渠道当然是原地扩张，老校区的优势不会丧失，又能获得新校区的发展优势，但事实上这种可能性极小。在城市高速发展的背景下，土地早已所剩无几，扩建的成本太高，扩建的机遇就非常少。学校获得扩建机遇是偶然的，其机遇大致有三种情况。

第一种情况是毗邻的两所学校合并。原本两所中专毗邻，政府将院校升级为高职的时候以其中某所学校作为"主力"，另外一所被"兼并"，或者另迁移他址建设，这就是并联兼并。

并联兼并可能会造成校园分割的情况，因校园建筑空间给人的体验是连续的、不间断的、有层次的，从而形成整体的校园空间意向，无论是实体建筑还是外部环境，都不能截然分割。在校园扩建后，这种情况不能维持。在发展高职院校的过程中，政府为了快速满足办学规模与师资层次的要求，如果本地恰好有两所学校毗邻办学，并且行业专业相近，就有很可能将两所学校合并升级为高职院校，以其中某一所学校为主导者。一般来说不可能拆除被兼并的旧校区并建设新校舍，而是要求尽量使用原校址。这样就导致两所学校并置，从而形成了两条轴线、两套教学区、两套生活区等情况。如果一所学校搬迁，让出空余的校园场地，那么除了物质层面需要逐步改造，另一所学校的印记就比较容易抹去。如果两所学校合并后，被兼并的学校又不迁移，会产生校园环境融合、办学理念融合、校园文化传承与变革、教学体制兼容等诸多问题。较强的校园文化吸收了较弱校园文化后将上升到一个新的平衡状态。

第二种情况是政府用行政命令划拨教育用地。这是在政府大力推动高职教育发展的情况下出现的。划拨的用地可能用作建设工厂或学校，也可能是拆迁后的土地。一般情况下，政府代征土地，土地来源于征收的集体土地或者转移的产业园区。如资金来源比较宽裕，政府拨款并负责拆迁，这样可用的土地面积较大，对学校来说是比较理想的扩建方式。学校可以按照教学需要进行合理的布局及规划建设，将校园文化理念延续，包括景观的延续、肌理的延续，从而带来连续的校园体验，形成较整体的大学校园意向。

第三种情况是学校征地。学校本身可能位于不太繁华的地段，如接近城市边缘。因为历史上工厂都相对远离市中心，有的在城市扩张过程中并未被城市兼并，工厂下属的中专学校（或者培训机构）也在工厂附近，可以征用地价不高的集体用地或者搬迁需要转移的产业。

2. 高职院校扩建的协同发展策略

多数高职院校从中专和成人高校转变而来，原来的学校规模较小，必须通过兼并才能达到高等职业学院设立的标准，因此有大量的合并校区风格不一。毗邻扩建大多就是合并另外的校区。因此高职院校扩建的协同发展策略更倾向于采用合并校区的改造方法。

在兼并毗邻校区时，应厘清新旧校区之间的功能组团关系。高职院校承担的教育任务类型较多，除了学历高职教育，还有成人教育、合作办学、非学历教育和技术培训及高等职业技能鉴定等。学校获得兼并机会时，都倾向于将一整块的功能分离出去，便于单独建设，也便于衔接管理。

这样的毗邻扩建将造成校园建筑区域分离，并且风格迥异，这是校园发展历程的一个阶段，也是学校形态多样性的历史印记。事实上，高职院校在发展历程中，即使不面临扩建，其校区新建的建筑也并非与原有建筑同属一种风格，基于经济造价的平衡考量，建筑只需要满足功能经济需求，满足地域性、文化性、时代性的要求。建筑形式多样化正表现了高职院校兼收并蓄的校园文化,体现了校园历史的延续性与跳跃性的统一,展现了不同于普通高校的发展历史。

以广东中山职业技术学院为例,为了应对区域分离的问题,规划厘清了新老校区承担的功能,兼并的校区拟设立的中山职业技术学院继续教育分院和中山职业技术学院高级职业技能鉴定所,除了可与老校区共享教学大楼、图书馆、实训大楼、后勤服务中心、体育馆等资源,还将建设成人培训大楼、继续教育大楼等(图2-18)。

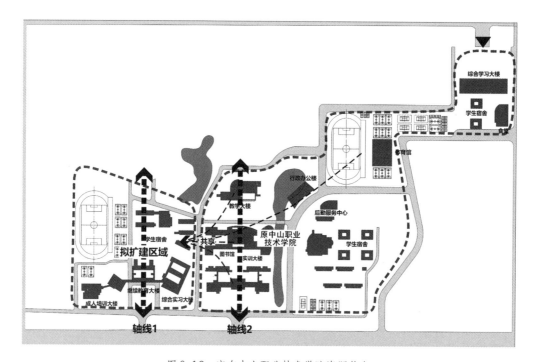

图2-18　广东中山职业技术学院资源整合

深圳信息职业技术学院则是兼并多校后力求统一风格的例子。2002年深圳教育学院、深圳工业学校与深圳财经学校三校合并成为深圳信息职业技术学院。学校合并后以深圳教育学院为主体(其本身就是大专,因此在合并中成为强势主体),就地扩建发展高职教育。该校采取了以下几项措施。①规划将合并的中央草坪(原来为教育学院的操场)作为新校区的主轴线,规划了一栋综合楼(主楼)。②改造工业学校校区的外立面,统一为蓝条白墙的原教育学院校舍外观。③校园文化以深圳教育学院为主,逐步形成新校园的文化体系。④保留一定的兼并痕迹,形成历史感。

在发展过程中,优势专业兼并弱势专业,最终形成较稳定的校园形态。合并校区以教育学院为主,将轴线移动到两校之间的新轴线(原为操场),建设主楼形成2008年的校园主格局。经过十年发展后,老校区于2017年拆除,建设了深圳中学,新校区有序规划校园总平面,校园展示新风貌(图2-19~图2-22)。

学校征地将带来一定的问题。首先土地的宗地历史问题导致合并的土地形状并不如意,有的学校通过狭长的道路联系,有的学校则丧失了道路展开面,造成整个学校轴线及主格局的剧烈变化,这种发展在某种程度上更像是自组织行为。各方进行利益博弈,往往对高职教育发展不利。若政府不介入学校征用土地,征地的学校往往处在弱势的地位,资金有限,难以获得理想的土地,在竞争中只能拿到较差的地块。至于功能分区是否合理、校园肌理是否延续、校园文化是否得以传承,基本无法兼顾。在这个协同发展的过程中,价格与便利成为决定因素。这种情况在我国众多的民办高职院校中相当普遍。其协同发展的层次仅限于功能经济层面。

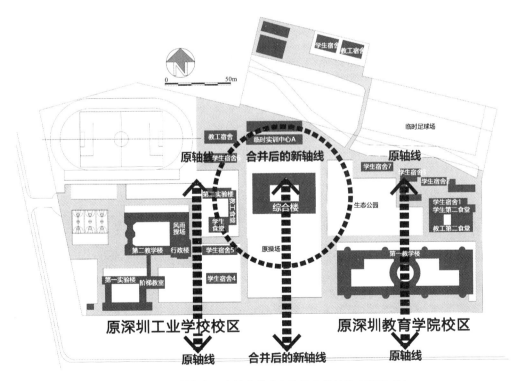

图2-19 深圳信息职业技术学院老校区合并轴线(2008年)

图 2-20　深圳信息职业技术学院两校风貌（2008 年）

图 2-21　深圳信息职业技术学院校前区（2022 年）

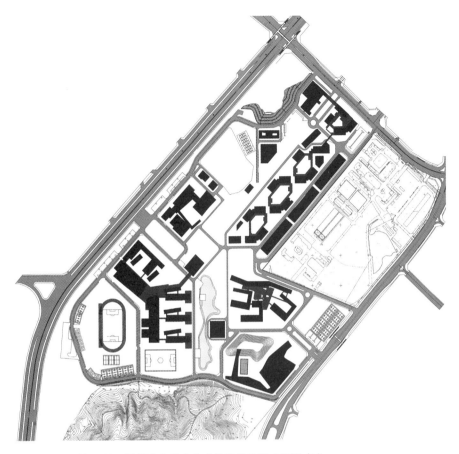

图 2-22　深圳信息职业技术学院总平面（2022 年）

如果政府大力支持划拨土地给职业教育办学，学校的境遇则完全不同。如珠海城市职业技术学院，该校作为珠海本地的高校得到政府财政支持，经过多次调整，珠海城市职业技术学院获得了就地扩张的机遇。新的用地位于学校的东面，共 16.67 hm²。政府将原本用于商业的金湾区核心地段划拨给学校，这样将使得新建的校区与老校区融为一体。由于划拨的土地面积比较大，在规划结构上可以通过建设新校区的契机，形成新老校区统一的结构与肌理，并将功能分区加以优化（图 2-23）。

校方当然希望政府能重视学校的扩建用地，毗邻而建的好处非常明显。不过，城市空间发展的动力机制主要决定于经济、政治与社会的三方合力。在这样的情况下，学校的话语权较小。珠海市政府向来比较重视发展高教园区，因此珠海城市职

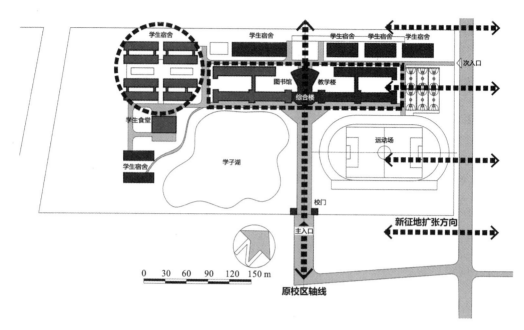

图 2-23 珠海城市职业技术学院

业技术学院也获得了绝佳的发展机遇,应该说这种情况在很多城市是不常见的。政府能做到将学校搬迁到郊区的新址已非常难得。政府实际上是选址与扩建的主导力量。在资源有限的情况下,政府的治理水平直接关系到高职院校的生存与发展。

综上,扩建是大学发展的必经之路。即使是新建校区,经过了一定的时间,随着规模扩大,也会面临扩建的情况。院校在扩建中将面临功能区域划分与衔接、新老校区轴线与空间组合、新老校区校舍人文环境统一规划、校园环境连续性体验等多种问题。对于政府来说,更要统一布局,切实将社区建设与学校建设统筹考虑,否则丧失了在市区老校区扩建的意义。扩建高职院校策略见表2-7。

表 2-7 扩建高职院校策略

	协同目标	协同战略
功能层面	产业需求、政府需求、教学需求	(1)政府重视教育发展需求,校方厘清新旧区域功能; (2)加强新老校区之间的多样化联系,强调轴线; (3)强化功能的适应性,采用通用空间、模块设计

续表

	协同目标	协同战略
经济层面	节约资源、可持续发展	（1）扩大新老校区的连接区域； （2）新老校区功能块互相呼应，避免重复建设； （3）扩建规划要切实考虑疏密结合
地域层面	校园建筑富有地域特征，体现产业特色	（1）尊重原有校区的历史文化传统，保留一定的被兼并校区的办学传统与历史遗迹； （2）扩建以景观优先发展，形成新校园文化景观，建筑风格与尺度要协调一致
人本层面	人际交往、安全性的需求	（1）创设活跃交往空间，实行人性化管理； （2）建立舒适的步行空间体系
文化层面	先进产业文化、校园文化、地域文化的结合	（1）吸收被兼并旧校的优秀文化，建设新的校园文化； （2）体现产业文化、地域文化融合产生的新文化
综合层面	兼收并蓄的高职新面貌	扩建战略与政府治理相协同

2.5 新建高职院校规划

2.5.1 新建高职院校的时段研究

新建高职院校分为两种：一种是完全新组建的高职新校区；另外一种是异地扩建的新校区。以广东为例，完全新组建的高职院校占了新建高职院校的大部分。如国家示范高职院校——深圳职业技术学院（现为深圳职业技术大学），成立于1993年，是国内较早建设的高职院校之一。其发展轨迹有着典型的参考意义。又如广州番禺职业技术学院成立于1993年，属于一次性征用土地的分期建设布局，另外还有一些较晚的高职院校，如顺德职业技术学院。而异地扩建的高职院校有广东轻工职业技术学院南海校区、江门职业技术学院新校区等。在这里需说明，新建高职院校是从时间点和地点来判断的。新建高职院校是一个比较模糊的概念，事实上也很难区分是否新建。如早期的深圳职业技术学院、广州番禺职业技术学院建成立于1996年；中期的职业技术学院，如顺德职业技术学院，建于2001年，是否还属于"新建"的范畴？从高职转型的类型来看，新建高职院校与老中专合并升级的高职院校并无二致，只是区别于不同的时期及不同规模的用地。

2000年前建设的高职院校多为新设立的，该阶段建设的校园处在小规模建设中。该阶段的特点如下。①建设规模较小，用地规模较小。②校园逐步建设，按需发展。③校园礼仪性广场与轴线少。④政府参与较少。

2000—2005年是高职院校的高速发展时期，2002年教育部将审批权下放到地方，因此地方政府办学的热情高涨，有条件的地区都要设立大学，也正好缓解扩招后带来的急剧扩张的压力。该阶段的特点如下。①大多位于郊区，用地规模与建设规模很大。②快速规划建设，校园一次成形。③政府主导，强调景观主导、大规模功能分区、校园礼仪性广场与轴线。④建筑风格现代感强，体量大。

2005—2015年，随着大学大规模建设的逐渐退潮，高职院校建设进入了反思的时期。这个阶段主要是针对职业教育的本质进行思考，对过去追求与本科院校同构的理念进行了反思，该阶段校园建设呈现的特点如下。①工学结合、校企合作的校园规划逐步显现，校区开始出现企业进驻。②开始认识到节约用地、集约发展、可持续发展的重要性。③减少一次性规划建设过多校舍，重视校园建设时序，留有可变余地。④尽量保留老区不置换，融入社区的意识在增强。

2015年后，以国务院印发《关于加快发展现代职业教育的决定》为契机，职业教育院校获得了又一次蓬勃发展的机遇。随着技术型本科的建设力度的加大，普通高校与高职院校之前的差距也在缩小。另外，《高等职业学校建设标准》历经几年编写，并于2019年颁布实施后，高职院校向本科学校寻求一致性，加强了对职教特色的教育科研体系及科研专属用房的建设，同时也加强在地建设特色产业基地，与社区加强互动，越来越走向开放式的办学模式。

2022年，《中华人民共和国职业教育法》颁布，进一步推动校企合作，建设新型校舍、终身教育和职业教育系统化、与普通高职教育的融通，都是未来发展的重点。

2.5.2 新建校区的发展机遇与挑战

二十大报告指出：推进产业结构优化升级，形成以高新技术产业为先导、基础产业和制造业为支撑、服务业全面发展的产业格局，是我国现阶段的艰巨任务。升级改造中，资本投入与知识投入同样重要，更要完善社会化教育培训体系，为经济发展提供人才与智力保障。我国高等教育已经进入了大众化教育阶段，将进入普及化的阶段，高职院校面临进一步发展的机遇。

在用地方面，新校区用地与建设规模较大，有利于未来发展。高职院校新校区 2019 年之前是按照《普通高等学校建筑规划面积指标》及其他相关办学指标征地使用的，《高等职业学校建设标准》建议容积率为 0.5，前文曾论述过该指标过于宽松。因此可以预见未来较长一段时间内学校的用地是足够的。如广东高职院校中新建校区中极少有 0.5 的容积率，无论是在市区还是新区，在土地越来越紧缺的情况下，按新校区建设标准的建议容积率，未来也很难拿到新的用地。建议的 0.5 的容积率充分考虑了未来的发展，这就对规划设计中预留发展用地和分期建设不破坏校园整体结构提出了挑战。

新建校区面临本科层次高职教育的整体适应和优化的要求，这几年从新建高职校园建成若干年的使用反馈来看，存在着功能与办学模式不符、规划分区不当和过度的形式主义设计导致校园缺乏活力、使用不便及形式过分单一的问题。因此高职院校面临从功能、经济、人文及地域各层面的优化要求。同时，越来越密切的校企合作对校园布局提出了新的要求。我国目前的高职教育管理体制是政府主导、学校经营、企业被动参与。而在发达国家职教系统中，企业是承担职业教育不可或缺的角色，当然这与我国当前的教育国情有关。随着高职教育资源的逐步增加，办学开放性、自主性也日渐增强，校企主动结合、政府引导的局面将逐步显现。新建高职院校如何应对这一趋势将是最大的挑战。同时新建高职院校也有资源共享及开放社区教育的需求。

2.5.3 新建高职院校的规划原则

1. 在选址方面应与高科技园区、工业园区统一规划

大学是经济发展的助推力,高职院校是面向产业的教育。高职院校新校区尽量与高科技园区、工业园区统一考虑,协同发展。同时、同步规划建设高职院校周边环境,将住区与厂区规划在邻近区域,形成多样化的城市空间。

2. 注意动态规划,进行弹性设计,预留用地

高职院校的实训规划有着较大的不确定性,所以在规划新建高职院校前,需拟订合适的任务书,基于对已经建成的校园单体使用情况的反馈机制,在规划中进行留白并考虑与其他区域的区别与联系,特别是对于工科院校和行业高职院校来说,还需要从实例中了解生产性的功能需求与设计中存在的差距,使得教育建筑内涵进一步扩展,让教育建筑成为具备一定生产能力的综合教学实训体,为校企共建提供基础。这类校舍的占地要求一般要高于其他教学区域,需重点进行专项研究。

3. 重视实训专项规划研究

实训区是高职院校的重要区域,集中了高职院校最富有特色的教学活动,无论从功能重要性还是资金投入上看,都是校园建设的重要区域。应切实研究实训教学及生产机制,做实训规划专项研究,对实训区进行合理分类,在规划中重点研究该区域的布局,不应因实训区域"不好看"或者"不像校舍"而将其布局在次要区域,也不宜过度追求大广场、大轴线的主楼式布局。

4. 重视人文及校园环境的设计

高职院校有特殊的校园历史，生产性较强，文化性较弱。建设新校区后，人文环境培育难度较大。老校区存在一定的历史断层，新校区尚未建设人文环境，所以校园建设中提倡企业文化和职业环境养成，形成职业养成的环境景观。规划中应重视交往空间与人文环境的营造。重视校园空间多样性与混合性，建立步行优先的交通体系。发挥用地优势，大力引进优势企业进校联合办学。

新建高职院校校区协同发展策略见表 2-8。

表 2-8 新建高职院校校区协同发展策略

	协同目标	协同战略
功能层面	产业需求、政府需求、教学需求	（1）复合功能分区，界面开放； （2）校企共建，功能交叉共享，扩大教学内涵； （3）强化功能的适应性，采用通用空间、模块设计
经济层面	节约资源、可持续发展	（1）建立整体规划结构和集约发展的规划理念； （2）动态规划，弹性发展，充分预留用地； （3）引入企业共建校园，与工业区紧密结合
地域层面	校园建筑富有地域特征，体现产业特色	（1）保留原校区环境特点，结合产业与地域建筑特色形成富有特色的校园环境； （2）创建有层次的生态景观体系，保护自然环境
人本层面	人际交往、安全性的需求	（1）重视交往空间设计与步行舒适性的组团； （2）强化社区与校园交流，重视精神需求
文化层面	先进产业文化、校园文化、地域文化的结合	（1）吸收旧校合并的优秀文化，建设新的校园文化； （2）体现产业文化、地域文化融合产生的新文化
综合层面	兼收并蓄的高职院校新面貌	与城市布局发展方向一致

2.6 职教园区的功能组成及规划

高职园区是大学城的一种类型。大学城的概念来自西方，是指在大学长期发展过程中与周边城市区域相互交融而形成的一种城市形态。其特点是城市空间与校园空间没有界限，人口以大学师生为主，市镇居民为辅，呈现多样化的复杂城市生活。20世纪中期美国出现了大学园区，如硅谷，特点是大学与产业联合，以教育活动与科技研发为主要内容，人口为大学师生、研究人员及相关服务机构人员，形成条理化的大学园区生活机制。20世纪末我国大学高速发展浪潮中出现了中国特色的大学城，特点是政府主导和快速建设而形成大学集聚区，其优点和缺点已有众多文献研究，在此不再赘述。本节针对以高职教育为主的大学城这一细分类型进行比较与分析。

高职大学城是大学城的一个组成部分，其主要构成单位为高等职业技术学院，但目前国内多数混称职教城、科教城、大学城、高职园区等，大多数职教城将中专与高专学校聚集在一起，这样称"大学城"反而不合适。本书出于研究的便利，统称为"职教园区"，包含了高职院校、技师学院与科技园区，特指包含了由多个职业教育机构与相应的科技生产园区结合形成的集教学、实训、科研生产与社会服务为一体的，同城市发展方向密切契合的综合区域。

1996年《中华人民共和国职业教育法》首次颁布实施，直到2002年，职教园区得到初步发展，基本上由政府主导。在此时期，职教园区处在摸索建设的初级阶段。

2002年国务院颁布《关于大力推进职业教育改革与发展的决定》，确定地方政府为职业教育的主体，多元办学机制初步建立。这段时间与大学城建设的时机契合，职教园区逐年增加，并从大城市向中小城市扩张，从东部向西部扩张，到2009年数量已接近100个。职教园区处在快速发展阶段。

2010年《国家中长期教育改革与发展纲要（2010—2020）》颁布，加入了政策的保障，健全了办学机制，职教园区不再追求规模与速度，各地根据情况开展了与特色内涵相结合的建设模式，职教园区逐步进入理性发展阶段。

2.6.1 职教园区的功能分析及协同发展策略

1. 职教园区的形成及功能组成

最早职教园区的形成过程有教育产业化的考虑。对于教育能否产业化的问题，历来就是充满争议的。反对者认为教育是一种公共产品，不是商业贸易行为，不能为了追求利润而偏离了提升国民素质这一基本核心；赞同者认为只要有需求并且没有垄断及对外的损害，就可以作为一种产业对待。实际上，职业教育作为一种与产业发展密不可分的教育形式，其不可避免地受到产业的影响，或者说将职业教育与产业化共同考虑更符合职业教育的发展规律，但这并非将教育发展与产业发展画上等号。其产业化更体现在职业教育对相关产业的巨大提升作用与对区域的辐射力，同时产业也对教育形成了良好的教学实践土壤。随着社会生产力的发展，将高职教育特别是高职聚集区作为一种产业来经营，对于提升高职教育质量与扩大高职规模都是非常重要的手段。大学精神的扩展在某种意义上来说是基于产业角度的教育外延扩展。因此，分析职教园区不能脱离产业化的视角。

职教园区形成的动力与大学城类似，地方政府牵头征用大片土地，根据学校的情况分配。建设费用采用政府出资与学校自筹两种方式结合（有的利用资本投入，但多数限于后勤社会化）。政府主导的优势在于将各学校的要求整合，建成共享区域，并推动共享管理制度的形成。职教园区的功能有学校功能、实训功能、研发生产功能与服务功能（表2-9）。实训教学是高职教学中的关键内容，实训又是办学投入最多的部分，并且有些学校的实训项目是相同的。这样看来，职教园区将各职业学校集聚在一起，其中培训与实训功能是共享区域的关键。它是维系职教园区的中心部分，共享区域将使社会效益与经济效益最大化。学校区域内也有一定的实训，包括投资不大的基础实训和特殊的文科实训。如在常州科教城中，常州纺织职业技术学院的服装系实训就是比较专业的实训，无法与其他学校共享。一般的金工实训投入不大，使用频繁，也设置在校园内。昂贵的数控车床实训、焊接工艺实训则由管委会统一建设在位于东部的现代工业中心。

表 2-9 职教园区功能区域分析表

功能区域	功能内容
学校功能	基础教学、生活功能,如各高职院校与中职学校
实训功能	各校共享实训区域,如共享的工业中心,技能培训中心,技能鉴定、产品测试中心
研发生产功能	研发、生产功能,如工业厂房、研究机构
服务功能	由上述功能带动形成的会议中心、展览中心、创业服务、技术产权交易市场、孵化基地

2. 职教园区的发展模式

目前全国各地以基地为形式发展职业教育的模式有四种。第一种模式以常州为代表,将五所中专升级后集中起来形成高职集聚区(加一所本科院校),由政府主导,集团化办学。这种模式是本节研究的重点。第二种模式是经济开发区建设的职业院校,以北京的亦庄开发区为例,将五所中职集中到经济技术开发区,直接为开发区培养一线人员,成为经济技术开发区的培训机构,进而升级为高职院校。第三种模式以长春为代表,通过土地置换将九所学校合并成一所中高职衔接的学校——长春职业技术学院,规划建设上类似于异地新建。第四种模式以重庆永川为代表,将职业教育与城市发展结合起来的"城校融合"的模式——永川职教城。

从省域来看,职教园区有更多的模式,以广东为例,《广东省中长期教育改革和发展规划纲要(2010—2020)》把建设集约化高水平职业教育基地作为发展职业教育的任务,目前建设了三种模式的职教园区。第一种是功能综合的大型园区,占地面积大,功能多,园区定位与城市规划相契合,如广州科教城。第二种是区域性资源整合型的职教园区模式,如珠三角产业升级后劳动密集型企业向粤东、粤西、粤北转移,从而带动了职教资源的整合,占地面积较小,由3~5所学校组成,功能突出，如中山职教园区，学校集中在一个园区发展，相互依托，资源共享。第三种是片区整合的专业组合职教园区，突出专业集群优势，增强职业教育与产业体系的匹配程度，如佛山的总部加基地的职教园区模式。

职教园区中的研发生产区域与普通大学科技园的研发生产区域有共性，也有个性。职业教育更注重偏重生产的实训，因此其研发能力不如研究型大学，学校的研发能力不足以支撑园区内的高科技产业区。在职教园区，研发生产区域更注重与教学需求相关的实训、培训功能和与学校办学定位相一致的工业区定位，更偏向较"后端"的工业链和与社区同步发展的定位。因此，从这个意义上来说，职教园区的发展大致有两个方向：一是与高新工业区的紧密结合、与校际紧密结合；二是与社区紧密结合，城校共同发展。有的城市想以建设职教园区为契机，建设高科技产业园区，从而提升城市竞争力，这种做法是大学城与科技园区结合的模式，但职教园区与高科技园区可能会各自发展。无论是哪个方向，其共享的实训区域是必不可少的，否则失去了职业教育聚集的意义。

职教园区的资源整合在于组成单位的资源优化，这里更多的是考虑学校的利益，企业与学校之间建设共享平台分为四个类型。第一是公共实训中心。它是与企业接轨的现代化实训中心，是职教园区的标志性建筑。第二是信息共享。即图书数字资源提供给园区学校共享共建，提高信息使用及周转效率。第三是公共服务。如学术交流、会展会议、技能培训考核及后勤服务。第四是科技创新平台。自我国开始建设职教本科以来，高职院校基于应用研究而进行校企研发、技术孵化、科技成果转化，也将与研究型大学互补及共享。

2.6.2　校园与区域之间的融合与渗透

城市是政治、经济诸多要素的聚合中心，大学校园则是教书育人、科技研发的机构，只有二者互相依存、共融共通才能促进社会进步与教育发展。在我国传统文化中，对精神情感的创新大于对物质实体的创新，传统的士人情怀也存在于高等教育界，故基于社区创新创业的需求反馈很不明显，大学与社区联结的底蕴不足，大学的社区性很不明显。高职院校本应具备很强的社区性，一方面学校要受到教育部门的监管，高职院校由省级教育主管部门管理，完成教育部门的指标考核；另一方面校企合作又是高职院校办学的必由之路，顶岗实习和订单式人才培养模式是高职教育的特色。在这种情形下，我国高职教育的起步阶段更多参考了新加坡的教学工厂模式，而非德国的双元制。在办学模式方面，学校占据主导的位置。在学校布局方面，政府起着主导作用。

早期城校一体化的职教园区有2003年重庆永川职教城（现为西部职教基地），当时提出了"资源共享、城校结合"的原则，将永川市分成东、南、西、北四个片区，分别集中了一批院校。每个组团面积为 2～3 km^2（图2-24）。对于城市而言，在这个范围内，资源可以比较方便地共享，超过这个范围，共享的成本增大，也失去了拉近距离的意义。因此西部职教基地按照城市发展主轴来调整职业院校的分布，以保证学校资源、工业区资源与公共配套资源能充分利用。这类职教园区更多的是提升城市建设质量和社区教育水平，而非与工业园区共享共建。对于政府来说，这样的城校一体化未必能达到投资办学的效益目标。

另一种是与工业园区结合的职教园区。这类园区在我国职教园区占据了重要地位。比较典型的是常州职教城和苏州工业园区。其中，常州职教城作为职教园区的先行者，为后来者提供了许多宝贵的建设经验。说明在规划建设职教园区的时候一定要充分认识到高职院校对研发区域究竟能起到多大的支撑作用。假如仅为了共享实训而将高职院校聚集在一起，就没有充分发挥高职教育注重实践生产的人才培养优势。故应充分引入适合其特色的企业进驻园区。另外常州职教城在近年的发展中引入了更多的科研单位，逐步走向产业链的前端，希望进一步引进研究型的机构，形成注重研发与生产相结合的高科技园区。苏州工业园区职业技术学院立足于工业园区，依托附近的瑞萨科技、日立、旭电、飞索等企业。这一类与工业园区相结合的职教园区更能发挥高职院校的作用，得到共赢的结果。

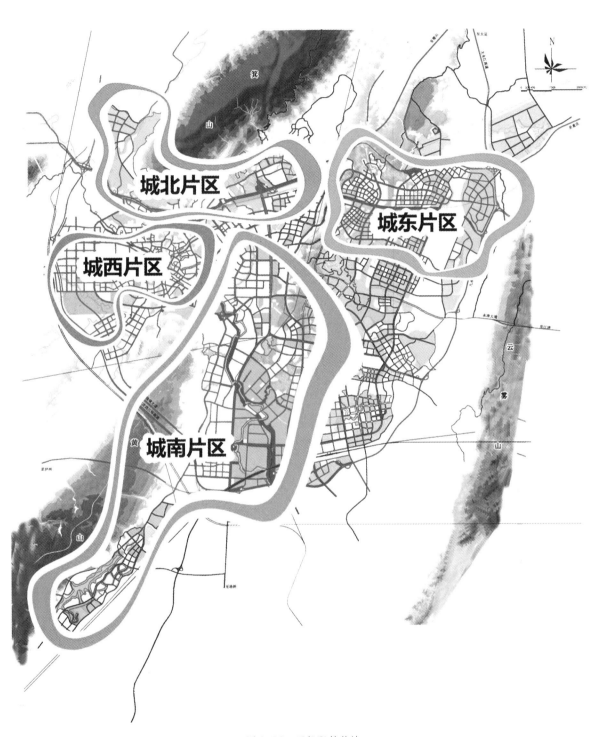

图 2-24 西部职教基地

2.6.3 职教园区的形态模式

与城市同构的职教园区形态特别丰富，并且与城市空间咬合在一起，将其分离出几个抽象的形态是不可能的，一般来说是组团式发展，按照共享成本距离将职业院校组团布置，并将相应的企业布置在组团内，同时也混合一定的居住、文化功能，形成多功能、多形态的城市区域。新建的职教园区一般位于市郊，有着较宽裕的土地，可以做到比较纯粹的规划形态。参考大学城布局模式，职教园区结构主要有以下六种模式，分述如下。

1. 向心圈层型

向心圈层型空间结构的特点是集中向心布局，一般适用于规模不大的职教园区或规模较大但用地形状比较特殊（例如岛状）的职教园区。该模式的优点是空间比较紧凑，共享实训区与各学校的距离较近，交通结构清晰，各学校分配的土地相对均衡，在聚合为职教园区的同时也能保持一定的独立性。缺点是职教园区核心区域的共享区是实训区，其生产效能无法得到发挥，并且向心圈层型的职教园区弹性发展会受限（图2-25）。

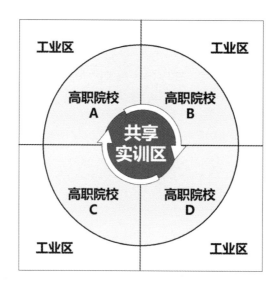

图 2-25　向心圈层型职教园区

2. 平行格网型

平行格网型空间结构具有格网化、模数化的特征，表现出较为均质的布局方式，较适合地形平坦的平原地区的职教园区，也比较容易进行调整，适应职教园区未来发展，具有一定弹性。这种模式结构比较清晰，功能分区明显，同一种教育资源在一定的区域内集聚有利于资源集约利用。缺点是不可避免地产生一些较远的流线（图2-26）。

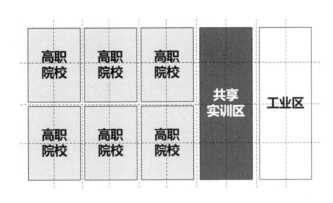

图 2-26　平行格网型职教园区

3. 多核心组团型

多核心组团型空间结构一般是呈簇状的组团式布局，适用于规模较大的职教园区或用地形状不规整的园区，城市级的共享区以轴线的状态将职教园区各核心组团串联。不同的核心有不同的功能定位（文理科、工科或者中专等），核心之间保持便捷的交通联系。这种模式多用于城际一体化的职教园区。共享的实训区域作为功能组团的核心分散到每个实训区域（图2-27）。

4. 串联型

串联型空间结构的特点是具有较灵活的延伸性和生长性，适用于用地相对狭长或不规则的职教园区，通常根据用地形态布局交通干线，然后根据交通的联系组织

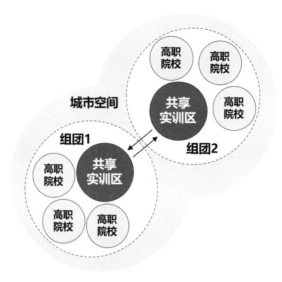

图 2-27 多核心组团型职教园区

空间结构。串联型空间结构可分为直线式、分支式、鱼骨式和线簇式几种。其优点是充分利用地形，交通比较方便，且空间形态比较丰富，缺点是共享实训区域不易建设，各校联系不够紧密，交通距离稍长。如广州钟落潭职教园区（图 2-28），用地为 L 形狭长形态，设置了三个高校组团，在东面与规划工业区建立联系，但未设置共享实训区，其原因是钟落潭地区是自发形成的高职院校聚集区（如广东机电职业技术学院、广东工贸职业技术学院、仲恺农业工程学院），是为了避免进一步开发的无序状态，提高土地利用效率，而将高职聚集区与周边地区重新进行合理布局。

5. 格网交叉型

格网交叉型空间结构可以理解为平行格网型空间结构的变异类型，表现为各种用地之间相互交织，彼此的联系带有更大的复杂性和不确定性，同时也具有更大的灵活性和适应性。如可以采用十字形网格组织实训区、产业区，并穿插城市空间与服务体系。在可能的情况下建议使用这样的模式将校区、厂区、社区一体化，摆脱单一功能的纯粹复制，从而实现社会效益与经济效益的最优化（图 2-29）。当然这是一个渐进发展的动态过程。

图 2-28 串联型职教园区（广州钟落潭职教园区）

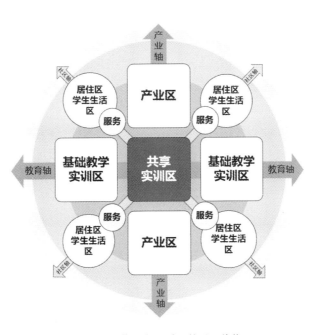

图 2-29 格网交叉型职教园区结构

6. 有机自由型

有机自由型空间结构表现为一种更为自由的、可生长的空间组合类型，例如星云状的空间结构。这种空间结构的布局形式比较分散，容易造成集中实训建设及工业区建设和运营的不经济，建设职教园区并非仅是建设山水校园，更在于实训及其配套工业区的建设与使用。在园区内地形复杂又不宜挖填的情况下（例如河湖与山地交错）可采用有机自由型布局。

2.6.4 职教园区的规划原则

大学城发展的热潮已大体退却，职教园区也进入新的发展时期，大学城发展中存在的许多问题在职教园区也同样存在。现对职教园区在协同发展中存在的一系列问题进行总结归纳。

（1）高职院校定位为技术实践型的大专院校，缺乏高端人才培养计划与师资设备，职教园区建设中未认识到高职院校有限的研发能力对职教园区研发功能的支撑作用不强，简单地将研究型大学高科技产业园区模式用于职教园区发展模式。

（2）园区与城市脱离，职教园区自我封闭，丧失了社区教育功能。

（3）各校盲目求大，互相攀比，浪费土地与资金。有些地方政府基于政绩观往往急功近利，追求"橱窗效应"和"规模效应"，是建立在空间地域上的扩张，忽视高职院校内在的办学规律。

（4）学校缺乏个性校园文化，与园区整体文化氛围不协调。

（5）缺乏人文环境，新的职教园区历史短、环境新，与工业园区及开发区的结合更弱化了学校人文环境对教书育人的作用，忽视学生的精神需求，将职业院校简化为岗前培训机构。

（6）没有建立共享机制，仅在物理距离上将几所学校拉近，共享设施的使用存在问题,各校重复建设实训区。教育资源的共享还需要进一步理顺关系。

针对职教园区的问题,应当从几个方面提出协同发展的策略,如功能层面上认识到高职院校的办学规律,职教园区并非像一般的产业园区大干快上就能发展,其协同发展策略如表2-10所示。

表2-10 职教园区协同发展策略

	协同目标	协同战略
功能层面	产业需求、政府需求、教学需求、城市需求	(1)把握职教园区的正确定位,充分认识高职院校的研发能力和水平,生产与教育功能并行,发挥高职教育的实践优势; (2)建筑功能真正满足办学要求,避免规模化、快速化、概念化与人为化的影响,以产业发展的需求为核心需求; (3)基础教育与扩展教学分离,校内承担基础教学工作(理论教学与基础实训),扩展教学(顶岗实训)转移到共享实训区,学科充分交流,办学资源共享; (4)按照共建共享原则建立共享实训区,进而建立生产性实训区,逐步建立对接的产业区,形成以共享实训区为核心的职教园区格局; (5)设置培训管理中心、会议及展览中心,拓展社区培训、服务功能,形成复合化多功能的职教园区
经济层面	节约资源、可持续发展	(1)秉承合理规划结构和集约发展的规划理念,充分利用用地; (2)动态规划,弹性发展,充分预留用地,特别是共享实训用地; (3)建立校际开放界面,打破封闭的围城局面;对城市开放,包括功能的开放、景观的开放
地域层面	地域特征、产业特色	(1)保持原有校区环境特点,结合园区产业与地域建筑特色形成富有特色的校园环境;各校建筑环境不宜强求一致,应保持多样化; (2)创建有层次的生态景观体系,保护自然环境;在工业区与周边居民区之间设置绿化隔离带
人本层面	人际交往、安全性的需求	(1)重视交往空间设计与步行舒适性的组团,以步行半径为规划尺度参考,特别是公共实训组团与各学校生活区的联系; (2)强化周边城市区域与园区的交流,园区定期举办会议和展览活动,增强在园区内的归属感与场所感; (3)重视学生与员工的精神需求,大力营造人文景观环境,营造亲切尺度与具备人文关怀的氛围

续表

	协同目标	协同战略
文化层面	先进产业文化、校园文化、地域文化的结合	（1）吸收企业的优秀文化，建设新的校园文化，强化校园教育育人的功能； （2）产业文化、地域文化融合，产生新文化
综合层面	兼收并蓄的高职新面貌	各层面的全面协调

综上，将高职院校的发展分类为改建、扩建、新建与职教园区几大类来讨论，分别得出其协同发展策略。研究的重点在于高职院校的功能定位与普通高校不同。由于历史的原因，高职院校本身发展非常不平衡，在一系列的发展指标上理应采取分别对待的策略。本章还深入讨论了职教园区的发展，提出职教园区必须以共享的生产性实训为园区中心，采用产业依托职业教育的建设策略，而非"知识效应""科技创新"的高科技产业园的模式，不能将研发型的高技术产业园区的模式套用到职教园区。

第三章

高职院校单体设计——功能优于形式

- 3.1 高职院校建设与管理
- 3.2 校舍建设趋势
- 3.3 实训中心
- 3.4 图书馆
- 3.5 教学楼
- 3.6 学生宿舍

高职院校发展历史不长,在发展过程中与企业保持紧密联系,专业设置与企业人才需求相关联,并且专业差别很大,形成了校园形态和建设模式的多样性。高职教育的多样性还表现在办学主体和办学制度上,如以企业为办学主体、以学校为主体、校企共建。我国高职院校办学的途径目前以学校为主体,逐渐出现了一些灵活建设的方式——企业逐步介入校园建设。本章主要讨论高职院校举办的途径与校企合作模式,将高职院校办学过程出现的趋势与单体设计的实际结合起来,与普通高校校舍相近的设计将不作讨论,突出高职院校校舍的设计特点。

3.1 高职院校建设与管理

3.1.1 高职院校办学的途径

在政府政策的指引下,我国高职院校形成了多种举办途径。

第一,在传统体制上,我国各级各类的学校,包括普通高校与成人高校,均由政府举办和拨款。这是我国高等教育的主要体制。独立设置的公办高职院校占了大多数。这种院校得到的财政拨款较多,校园建设比较充分,一次性投资大,各方的支持力度也比较大,政府在征地、拨款和校企合作引导方面起到了很大的作用。

第二,一些地区试行在原有的校园内设置独立的二级职业技术学院,一般由企业投资,校园建设费用主要由企业承担,独立管理,但其主要的教学资源如师资,仍然来自主校。运作的经费由独立学院举办方投入。这种方式被称为"一校两制",是普通高校发展职业教育的主要方向,可以充分利用办学资源,也提高了举办者投资者的积极性,使教育质量得到保证。如华南理工大学汽车学院是由云峰集团投资、利用华南理工大学的品牌运作的高职院校。

第三,以国有企业为主体、与教育管理部门联合举办的高职院校,可以采取灵活的机制,吸收社会办学资源,这是一种有发展前景的办学途径,如宁波大红鹰经贸有限公司与宁波教委举办的宁波大红鹰职业技术学院。该学院原来为专修学院，2008年5月教育部将宁波大红鹰职业技术学院升级为本科高校。在广东，企业介入高职院校的建设主要是通过校企共建实训基地来实现的，并非从校园领导体制（如董事会成员）介入。

第四，有的高职院校是从公办转民办而来的，原来的学校由政府举办，改制为民办，升级为高职院校，如浙江的万里学院。该学院是全国第一所国有改制高校，原来是浙江农业技师学院，改制后由浙江万里集团举办，成为高职院校，后又升为本科院校，发展非常迅速。这些学校实力均较强，由民营企业举办，政府也给予了大力支持，企业大力投入，成效非常明显。这类学校一方面有公办学校的机制与班底，另一方面有企业雄厚的资金援助，是盘活教育资源的一个重要途径。转换机制使新的校区一次建成。

第五，从申办开始就为民办的学校。这些学校大部分起步为专修学院或者中专，逐步积累后具备申办高职的条件，首先挂牌到公办高职院校成为教学点，试办高职班，之后申请独立办学。这部分学校的质量差别很大，政府对其采取的方针是充分竞争，政策支持。这类学校采用的是董事会下的校长聘用制度，可以按照董事会的意见逐步建设校园，但校方没有财权和事权，造成"决策的人不办学、办学的人不决策"的弊病。如广东某民办高职，校长更换频繁，征地决策失误，只好大量租地，带来办学隐患，发展面临巨大的困难。董事长亲自参与决策建设与办学的广东岭南职业技术学院，是广东实力强、办学效益好的民办学院之一。民办高职院校的发展取决于董事会的决策和政府的办学思想及扶持力度。

办学途径可以总结为两种：一种是以政府为主体的办学途径，一种是以学校或企业为主体的办学途径。办学途径的区别带来了校园单体建设的多样性，这是高职院校差异性的重要原因之一。公办独立设置的学校资金来源有政府投入、银行贷款与学费收入，比较容易安排单体建设时序，政府控制力比较强。因此在校园选址与单体建设时序上，教育部门的决策十分重要。优点是可以将优先的资源集中起来，如根据当地的教育情况组织教育资源，形成职教园区，或平衡高职教育资源的分布，对单体建设时序提出指导意见，给予资金的支持与政策的支持，建设速度很快。民办学院和企业共办的学院注重投入产出比，在建设中多从自身出发，规划相对谨慎，建设效率较高，建设时序符合教学要求，符合资金回报期。如广东农工商职业技术学院，该校属于原农业部农垦局，是公办的院校，其经费并非来自广东省财政厅，而是依靠农垦企业培训费用、学生学费与校方经营，逐步建设，从租赁校舍到征地，单体建设逐步完成。校方根据每转移1000人到新校区需投入5000万来控制建设时序。2007年新校区为2000人，2008年为4000人，2009年达到7000人。就高职院校的办学体制来看，江浙一带的办学机制相对灵活，这与该地区大量的民办企业有关，也与当地的教育政策有关（江苏教育政策引导校企共建共享卓有成效），江浙高职院校的许多宝贵经验是其他高职院校发展可以借鉴的。

3.1.2 校舍分期建设时序

从对高职院校设置及评估体系的讨论可知，高职院校规划建设发展的内容与目标无法单纯从规划建设的技术角度来讨论，至少这样是不全面的，学校发展的目标将影响校园的建设。现实中职业院校规划建设由于种种原因，大部分学校都心存"大干快上"的短时间出效益、出成果的想法。对学校来说，在一定的时间内如何顺利迎接评估是教学工作的一件大事。教育部门的评估政策可以从两方面来理解：一方面，政府从长远的角度希望学校扎实办学，打好基础，所以才设定了各种准入门槛；另一方面，学校可以从这种定量标准中看到如何在短时间内精准地建设办学设施以争取政府更大的投入。教育办学政策会影响到校园的规划建设。俗话说："环境造人、人造环境。"校园规划所形成的环境深深地影响到师生的行为，政府政策的引导也会改变校园建筑环境。当今社会环境变化迅速，职业院校的建设也不得不顺应政策和经济背景。因此分析高职教育评估政策对校园规划建设的影响有利于把握高职院校发展的主要脉络。

教育主管部门要求高等职业教育办学用地应大于150亩。2009年笔者统计了广东地区的高职院校，大部分公办院校均能达到自有用地标准，但也有自有产权用地不能达标的学校通过租用非产权用地达到标准（表3-1）。

表3-1 部分自有用地加上租地后达标的高职院校（2008年广东教育报表）

校名	用地/m²（括号为租用非产权）	与办学150亩用地标准的比例	解决方法
财*职院	88000	88%	专业为财税、会计、资产投资、经济贸易、信息管理等文科，无工科实训
科*职院	84457（153180）	85%	租用非产权用地补充后超标53%
纺*职院	64855	65%	设四个系，包括纺织、服装艺术、经管、自动化，占地少
机*职院	61787（179703）	62%	租用非产权用地补充后超标80%
建*职院	50548（217760）	51%	租用非产权用地补充后超标118%
食*职院	86710（141735）	87%	租用非产权用地补充后超标42%
工*学院	75565（150260）	76%	租用非产权用地补充后超标50%

在用地不能满足办学标准的最低要求时，多数学校都会租用土地来满足教育部门要求，或租用后再征用，有的在其他学院设立教学点，相当于"异地办学"，这类办学面积就可以统计在内，教育报表中对自有和租用面积分开计算。对于公办院校来说，资源相对宽裕，大部分会通过置换或划拨财政资金建设新校区。部分学校，大多数是财经政法类学校未达标，也未扩张。这类学校对用地面积要求没有工科或者综合院校那么高，密度相对较大，也能基本满足教学要求。基于我国集约用地的政策导向，150亩应作为参考取值，不同类型学科的学校宜制定差异性用地要求，相关的高校用地标准仍在编制当中。

一刀切的办学条件虽然保证了办学规范性，也带来了执行的僵化，经济后发地区与经济发达地区的校园建设标准一样，显然是不合理的。毕竟我国是一个地域广阔、经济发展不平衡的大国。比如肇庆某民办高职地位于经济后发的肇庆地区，在登记学校性质的时候按工科超过50%登记为理工学校，要求实训人均面积8.3 m²，较大的工科实训面积为学校后续建设带来问题。政府部门不允许轻易改动学校性质，必须按原性质建设，校方难以做到。一般来说，很多处于发展阶段中的民办学校并没有实力发展大型工科专业（工科实训投入大，占地面积大）。这从另外一个侧面反映出用地制约对部分学校来说是根本没办法解决的问题。除了征地和租用，没有其他的办法（即使进行了扩建与加建校舍），教育部门对此将实行从黄牌警告到红牌禁止办学的否决制度。

在按照教育部门的要求征地并做完规划设计后，在单体分期建设时序上大多数高职院校仍然沿用本科研究性院校的做法，从编制项目建议书及可行性研究报告阶段就参考普通高校建设指标，重视图书馆与主楼的布局。其分期建设的时序大多如下。首先，按照《高等职业学校建设标准》征地，极少用地能达到生均67 m^2 的要求，要在容积率0.8～1.0的情况下均衡布局。第一期建设必要的教学楼、宿舍和食堂，第二期建设实训基地、图书馆及配套的后勤校舍。第三期则考虑建设行政楼、体育馆等校舍。近年广东省内的几所新建的高职院校等，基本上都是这样的单体建设时序。大多数学校不到10年就因招生规模扩大提出修改规划，见缝插针地进行建设，政府和学校都在反思如何集约用地和为未来发展留有余地，对规划设计提出了新的要求。

江浙一带高职院校的建设相对就比较灵活和高效，校企合作模式多，范围广，深度大。其单体分期建设时序已不同于普通高校，更重视节约资金与用地。实训中心作为高职教育的重点校舍得到了重视，如在宁波职业技术学院和南京工程职业技术学院的分期建设中，图书馆被列入后期建设范围。还有的学校将教学楼作为图书馆资料室，教学工作依然正常开展。江苏常州科教城在建设时也存在一些问题，先建设的图书馆与主教学楼面对校前区广场，屹立在中轴线上，带来的问题是实训面积严重不够，必须另外再找地方建设，比如将科教城东侧建成共享实训区域，以解决学校实训面积不足的问题。

在校舍单体分期建设时序上，应该认识到职业教育并非像普通高校那样建设主楼与图书馆即能进行教学和研究，而应要从教学目标定位上理解职业教育中实训中心的重要性，首期应当建设符合使用要求的实训中心（包括校外实训基地与生活配套设施）。另外，要考虑到到实训教学与理论教学的结合，建设一定量的附属教学空间与实训中心内的教学空间。还要参考一些院校的经验，灵活调整单体建设时序，切不可为了展示校园风貌而盲目建设。在单体设计上，则要采用灵活的模数设计与组团设计，根据整体设计的原则，确定每个地块的设计要素（如面积、高度、形态），在未来新建时根据具体的办学要求，通过组团形态有机生长，不对功能有太多限制，以适应高职院校专业设置与产业联动中复杂的变化需求。

3.1.3　校企合作模式

从办学地点看，校企合作可以分为校内合作与校外合作。校内合作是企业参与校园的建设，校外合作是学校参与企业的培训体系，是在企业内建设生产实训中心。从具体操作方法上来看，校企合作的模式分为以下几类。

（1）订单式培养：学校与企业之间商定培养合同，学校以企业特定需求作为教育目标，企业在学习目标定位上提出相应的标准，学校按合同为企业培养人才。这种模式很受欢迎，一度在高职教育中占重要地位。其优点是重实践，就业率高，企业提前物色到稳定、合格的企业员工，并且业务能力强，而学校可以建立贴近一线的校外生产性实训基地，节省校内硬件的建设费用，且训练效果好；其缺点是就业范围小，方向窄，政府难以主导管理，不利于形成良好的、规范的培养机制。

（2）使用权共享：企业在学校展示设备，并给予学院设备使用权。

（3）共建实训室：企业与学院共建实训室，共同培养企业所需的员工。实训室既是学生的教学实训场所，又是企业员工培训的基地。这种实训场所可以在校外，也可以在校内。从2020年开始，不少高职院校与企业共同建设现代产业学院，位于企业内的学院同样也是高职院校的单体校舍。

（4）培训换设备：企业向学院赠送设备，学院向企业提供培训服务。

（5）引企业进校园：学院根据核心专业的训练体系设置引进相关企业，完善"教学工厂"。

（6）产学研实体化：企业与学院共组教学系部，使产学研实体化。

校企合作的模式实现了学校与企业的优势互补，从而达到双赢的结果。对于校园建设来说，企业介入使得高职院校有着与普通高校所不同的办学模式，其校园形态更加多样化，从而形成富有高职特点的校舍单体建设趋势。

3.2 校舍建设趋势

3.2.1 实训理论教学一体化

随着知识经济的到来，大学已经成为推动经济发展的重要动力，高等教育越来越重视通过实践来实现培养目标，从而实现与社会职业的对接。尤其是在 20 世纪 90 年代中后期高等教育扩大招生规模后，大批普通高校特别是工程类院校加大了对实践教学的改革力度，这一点与高职教育是趋同的。高职教育特别强调实训教学，实训是一种以培养学生综合职业能力为主要目标的教学方式，与理论教学相对独立存在，但又与之相辅相成，主要手段是通过有计划地组织学生观察、实验、实操、实习的实训教学环节强化与专业培养相关的理论知识与专业知识。实训教学是理论结合实践的必要途径。高职院校中实训与理论的课程比例至少为 1 : 1。高职院校并非研究型大学，其理论研究是围绕实训教学进行的。学生学习理论的程度是够用就行，不同专业对理论深度的要求也不尽相同。在这样的形势下，高职院校实训与理论教学相结合的趋势也越来越明显，并且随着专业的细分、科技的进步，技术工人的操作也越来越复杂，高职教育中实训占比也在逐渐提高。

高职院校的课程分为基础学科课程、专业职业群能力课程与专业能力课程。学制一般为三年，第一年为基础课程，第二年为专业课程，第三年则外出实习顶岗。有学者认为高职教育应该改革为两年，去掉不需要的公共课程以及与中专重复的课程，但也有研究者认为不宜过分强调技能，否则将影响终身教育体系的构建。有的研究者认为第三产业服务类的专业或者民办高职院校可以尝试"三改二"的学制，可见对于高职院校的基础课程学界仍存在较大的争议。至于普适性的教室（包括大型阶梯教室）是否能够得到充分的使用，就要具体情况具体分析。另外，高职升本科的呼声一直没有停止，事实上很多要求升本科的高职院校（升为四年学制）要求升级到技术本科而非学科型本科，因为很多专业三年学制并不够，即使升级到四年，也是加强技能型的教育，与研究型的本科教育有着本质的区别。

广州番禺职业技术学院后期建设的多是实训教学一体化的校舍，并非独立的教学楼。该校认为建设应该围绕专业来定位，切忌模仿本科院校，新的教研室、实训室都集中安排在实训中心，并非教学、实训分开设置。该校早期建设的阶梯教室利用率非常低，只能局部使用，现阶段只有大课使用阶梯教室，其他课程均不合适，总共6个400人的大型阶梯教室用于给年级老师开全体会议，使用效率较低。但这并不意味着完全取消公共教学楼，高职教学也需要集中上课，所以应适当减少独立设置的公共教学楼，并慎重设置大型教室，特别是阶梯教室。

从实训教学的过程来看，每个教学单元的实训课程可以分解为：①理论教学，教师将需要用到的基础理论、设备的操作方法及生产注意事项对集中在一起的学生进行讲解；②学生上机操作，教师在一旁指导，如果遇到典型的问题，则再次集中讲解；③课后集中汇报。可见教学与实训应该结合在一起才更有效率。但也有学校认为要根据实际情况来确定合并授课还是分离授课，不能一概而论。高职院校需要的是灵活设置的可适应实训及理论教学的校舍。因此，加强教学实训一体化是高职院校与本科院校建设的不同点，这一点在《高等职业学校建设标准》中也得到了体现。

3.2.2 更有弹性的校舍建设

高职院校与产业紧密结合，其教学手段更新的步伐比普通高校要快，这促使学校在组织结构、学科设置与校园建设的更新加快，因此弹性的单体建设更能体现高职院校的特点。弹性的校舍建设特点如下。

（1）基于现实需要的单体空间。

校园空间无论如何规划，最后都要落实到使用中。早期规划是否满足后期的使用功能，这是大多数校园规划要面临的问题。事实上，预测未来是非常困难的事情。亚历山大在《俄勒冈实验》一书中总结了一套过程式的校园规划方法，如使用者参与、分片建设、多种模式原则，提出按照现实需要建设校园的方法，更强调由局部形成整体的最终校园形态。当前校园规划采用"一次规划、分期实施"的做法，但欠缺了"定期检讨、功能优先"的调整策略。特别是在高职院校这种与社会企业紧密结合、岗前培训色彩极其浓厚的校园空间中，基于现实需要的使用功能理应是一切建筑设计的出发点。因此，要建立一套可以具体执行的规划检讨框架是必要的。

在现实操作中，众多高职院校在建成后几乎都大幅度修改了原规划，这种情况在历史悠久的学校体现得更明显。将校园建设现状与原总体规划比较，其中的差别是大于普通本科院校规划的。这说明一方面在设计时对高职校舍研究不足，盲目套用本科院校单体建筑设计方法，另一方面也说明了高职院校在发展中的不确定性。如番禺某职业技术学院，目前后期建设（2002年以后）的几栋教学实训综合楼承担教学任务，而早期建设（1995年）的教室、图书馆利用率较低。校方坦陈当年建设未考虑到未来专业的发展，现在都不能继续使用了，必须建设新的校舍。而新建校舍的出发点则是现实的需要，如该校的珠宝专业根据珠宝厂的特点，形成相对密闭的流线，不同的功能分布在不同的房间；软件学院则设计成为任意改变方向、大小，具备高度可变性的教学空间；等等。这些都是基于具体的专业特点而建设的单体空间，极富行业特点。一些通用的建筑单体，如数控、机电一体化专业，其设备对建筑的要求比较相似，不同学校、不同地域之间可以通用。

（2）基于整体设计的可生长空间。

校园规划是动态规划，这一点已经成为当前校园规划的共识。动态的校园规划含义有两点：第一，整体校园形态将由单体组成，单体的分片建设最终组成了总体校园形态；第二，单体组团之间应该具备有机联系，包括功能复合、景观导向与人性设计。高职院校的整体设计体现为对校园交通网络的控制、地块的划分与开发时序、开发强度的确定。分片建设则采用分散与集中相结合的方式,将不同的专业集约成群布置,设置一定的复合功能,用景观或公共空间加以间隔(为未来发展留有余地)。如广州番禺职业技术学院的建设历经16年,逐步形成了几个组团(图3-1)。广东轻工职业技术学院南海校区同样形成了从组团到整体的生长型校园(图3-2)。高职校园的办学性质决定其比较适合采用单体—分片建设—组团发展—整体的建设路径,功能分区过度僵化反而不合适,会阻碍高职院校按照现实需要建设校园单体,缺乏灵活性。因此,大学校园规划,尤其是变动较大的高职院校规划,更要重视可生长空间的规划。一般的方法是模数化和网格形的道路骨架,过分讲究总平面构图与礼仪广场将不利于单体建设。

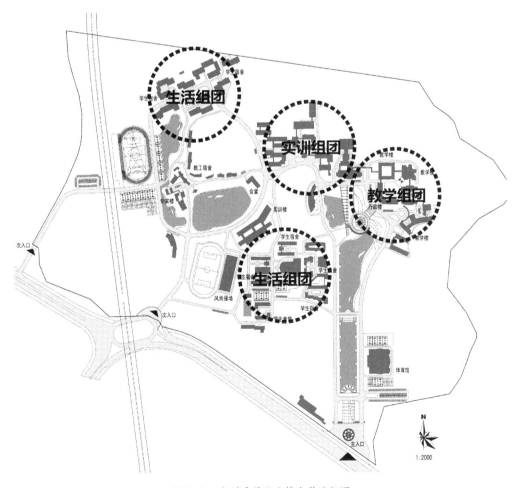

图3-1 广州番禺职业技术学院组团

图 3-2　广东轻工职业技术学院南海校区组团

3.2.3 亦厂亦校的趋势

"亦厂亦校"就是企业进校，学生进厂，即高职院校的学生培养由学校与企业合作完成，如订单式培养就是这种趋势的早期表现。这将使学生入校即具备了两个身份：一是学生身份，二是企业在该校的产学研基地的员工身份。这种趋势将是双向的，企业为学校投资，在校内建设符合企业生产需求的实训车间，如宁波职业技术学院海天学院，海天集团为学校投资建设符合海天集团生产标准的实训楼，建设了 5000 m² 的标准厂房，并购置生产设备，变消耗性的教学实训为生产性的实习，引进企业的设备、管理与技术人员，实现工学结合与校企合作。另一种合作方式是学校为企业投资，在企业内建设实训车间，例如浙江工商职业技术学院与宁波生命力模具制造有限公司共建实训基地，学校出资为企业提供一定的设备与培训费，而公司则划出场地用于建设学校的模具车间、计算机房与办公室。该校模具专业二年级学生到这里作为合作教育的对象接受实训教育。宁波职业技术学院的"华丰模式"也是在校外建设大型实训基地，还有宁波迅达科技集团为学校提供生产性实训基地，都是这种较深度的校企合作模式。

高职院校建设了大量的校外实训基地作为校内实训基地的补充，也作为校企合作订单式人才培养的必要设施，如广东水利电力职业技术学院飞来峡实训基地与江湾电站基地，是与水电站合作共建的校外基地，拥有食宿及实训教学区，类似校外的教学区域。

这种模式与普通的高等教育不同，在这种趋势下，学校与企业已经日益一体化，给校园研究带来了新的方向，如评估体系的制定、校园规划的延伸、"校外校舍"与企业厂房的关系等。但是，我们必须认识到学校与企业有很多的不同点，必须围绕以学习者为中心这一原则，避免以产品为中心，在学习与工作环境的设计方面，以有利于学习的情境创设来设置车间，不同于普通企业的车间布局。如江苏常州职教城现代工业中心，以学习者为中心，园区内的现代工业中心是公共实训的平台，采用大中型企业的高档设备，按照生产链营造真实的职业环境，体现了现代工业典型技术类培训，并设置讲课室及休息室等，其出发点还是教书育人。

3.3 实训中心

实训中心是职业学校实际训练的场所，直接关系到教学的质量与水平。根据地方的社会经济发展条件和高职职业教育的需要，实训中心应成为集教学、培训、职业技能鉴定和技术服务于一体，社会效益与经济效益兼顾的实体。从某种意义上来说，一所高职院校的实力取决于实训中心的建设水准，取决于它与企业和社会的联动，也取决于实训中心的建设方式。可以说，无论从功能还是造价来说，实训中心都是高职院校的核心建筑物。其重要性表现为：①实训中心面积庞大；②实训中心投资庞大；③实训中心建设复杂；④实训中心在评估体系中有重要地位。

广义的实训中心包括校内的和校外的实训基地（如高职教育"双高"计划提出的校企共建的实践中心包含了公共实践中心、企业实践中心、学校实践中心）。本节讨论校内的实训中心，它的发展趋势是建设为学校实践中心。

3.3.1 实训中心的定义与形式

早期的职业院校因为没有例子可以参考，各校都按照自己的想法建设了实训中心。就制造业而言，初始实训中心大多是金工实训车间，因为这种车间是工科实训的基础，造价比较低。部分学校从中专升级而来，原来的中专层次的金工实训车间依然在使用，经过几年的发展，实训中心建设更加多样和复杂。随着经济与科技发展速度加快，早期建设的金工车间很难满足实训要求，必须建设新形式的实训中心，如机电一体化、数控、模具实训中心，也有较特殊的实训中心，如飞机维修、铁路机务、水利电力、医学护理、时装设计、物流管理等，形态多种多样。限于篇幅，本节无法一一讨论，本节主要讨论常见的几种实训中心。

就实训中心而言，职业院校都应根据不同的专业设置理实一体化实训中心，《高等职业学校建设标准》将教学实训用房的指标合为一栏，说明其在指标计算上和功能趋同上是相近的。这类广义的教学实训用房包含了公共课程教室、专业理论教室、专业技能实训室及教研办公用房。

高职院校实训空间应根据不同大小的设备及教学实训要求确定实训空间的尺度及组织方式，从而确定专业实训所需要的面积、柱网、层高和功能空间组织。

以下以制造业为例进行阐述。

1. 单一实训车间

这种单一实训车间多见于早期的高职院校，是原中专遗留的实训场地，形态多为单层式的厂房车间，后期也有两层厂房叠加的形式。如大部分职业院校制造业类专业常见的金属工艺实训车间（图3-3）。

图3-3 深圳职业技术大学工业中心金工实训室

2. 组合实训楼

这种样式的实训中心较常见，与多层教学楼的形态类似。底层为大跨度空间，向上荷载逐渐减少。如深圳职业技术大学的工业中心。组合实训楼的概念最早来自香港理工学院1976年创办的工业中心。其内容包括基本训练与项目训练。其特点是"学习工厂"的教学环境，实训训练与真实项目相结合。这种实训楼集学生技能训练、技术开发与生产、职业职能培训与鉴定、职业素质训导等功能于一体。如深圳职业技术大学在校区内共创办了四个工业中心（图3-4）。

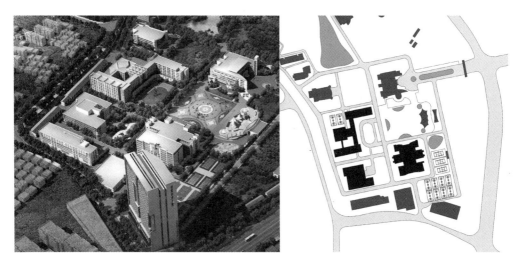

图3-4 深圳职业技术大学工业中心组合实训楼群

3. 实训综合体

高职院校普遍实行"2+1"的学制，即2年校内学习，1年在外实训。这种学制随着社会人才需求和课程调整而变动，比较灵活。教学与实训在第二年开始交叉，教学与实训联系紧密。因此出现了实训综合体这类校舍。它整合教学与实训的功能，并设置了图书馆的部分功能，如资料储存与查阅。这种类型的校舍见于部分高职院校。这种综合体与那些要建设大体量的标志性建筑而硬性将教学、图书馆与办公整合在一起的综合楼不同，后者并不具备综合体功能共享、交流的性质。目前产业工艺日趋复杂，高职院校培训包也日趋复杂，一个培训包往往要拆分为十几个实训链条，单一的实训场地与实训功能无法满足培训要求。学校投入了大量设备，也应该进行生产性的实训，仅消耗性的实训使得设备损耗很大，因此功能复合化的生产性实训综合体是未来高职院校的发展方向。

4. 集中的共享实训区

集中的共享实训区是指在职业院校集聚的区域，由政府牵头组织建设的实训集中区域，其具备培训、教学、科研、就业功能，有职业性、技术性、共享性、计划性四大特点，可以节约资金，提高效率。

集中实训区是职教园区的核心组成部分。职教园区除了配备高职院校这些教育机构，还需配置生产性的企业与生活支撑体系。集中实训区与工业区可以交叉，提倡建设生产性的实训基地，高职院校的实训区可扩展到工业区内。当然，除了实体建筑的建设，制度建设也同样重要，必须摆脱各校自成一套的做法，建立企业、各校互惠互利的共建机制。

5. 普通教室的形式的实训中心

工科高职院校需要大型实训设备，而财经、管理、政法和艺术等文科院校不需要厂房实训。这些学校的实训楼可利用教室改造而成。如南海东软信息职业技术学院是一家以软件与计算机专业为龙头专业的高职院校，它的实训与普通高校的计算机教室基本相同，不需要昂贵的设备投入与大量的厂房建设。

6. 特殊形式的实训中心

（1）大空间为主体。除了工科厂房，这种实训中心大都出现在交通运输行业、水利电力行业，或其他需要大空间的行业，如广州民航职业技术学院机场实训基地（图3-5）。

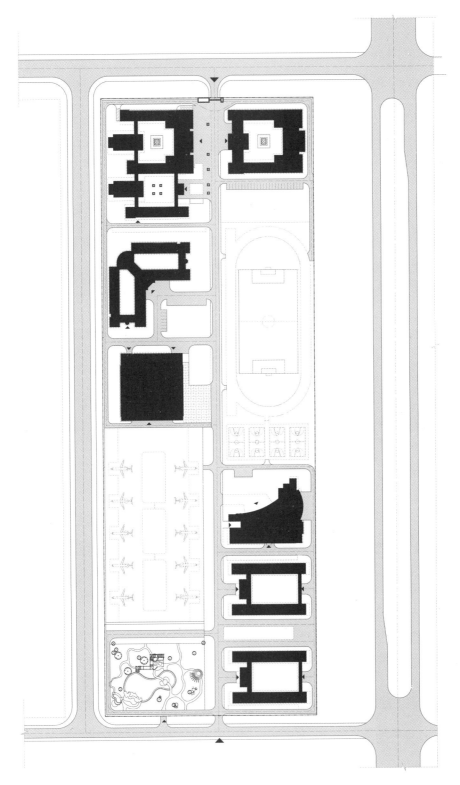

图 3-5 广州民航职业技术学院机场实训基地

（2）小空间为主体。这种实训中心不需要大型设备，如医科、部分理工科实验实训，比普通教室大即可。医学高专的定位，是培养基层的医疗及护理人员，因此以护理与简单的医技为主，如江西医学高等专科学校的实训。医学实训的缺陷是无法获得真实的实训材料，因此只能利用假人、真设备进行模拟实训，小空间的病房、药房、手术室成为实训楼的主体（图3-6）。又如广州番禺职业技术学院的珠宝学院实训车间，首饰加工的部分工艺要求空间相对封闭和人工通风（图3-7）。

（3）特殊要求（隔音、隔光），如纺织院校的时装表演厅（其实也是大空间的一种）。某些艺术院校的练声室、琴房也需要隔音、吸音。根据专业的不同进行专项的设计。

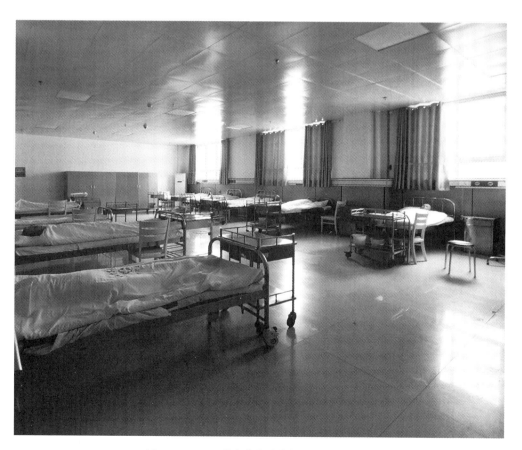

图3-6 江西医学高等专科学校护理仿真实训室

图 3-7　广州番禺职业技术学院珠宝实训楼

3.3.2　实训中心的功能要求

1. 建设原则

（1）仿真性原则。

为充分体现生产现场的特点，实训工位应尽可能与社会上实际的生产与服务场所一致，同时应具有真实而综合的职业环境，按照未来专业岗位群对基本技能的要求进行设置。

（2）先进性原则。

高职教育不仅是以就业为导向的教育，也是以技术为导向的教育。跟踪前沿理论应是实训中心建设必须坚持的原则之一。

（3）适用性原则。

要适合课堂教学，将大型流水线与重型设备模块化、仿真化。模块化是指将工艺流程分解为培训包，以利于教学。

（4）开放性原则。

实训中心从时间上和空间上都要向学生和社会开放，是一个完全开放的实践训练场所。对学生开放，对教师开放，对社会开放，为社会提供更多的服务，时间上要考虑能全天候开放。

3.3.3 实训中心建设分类

实训中心的类别众多，是由一个个组合式的实训室（实训车间）组成的，再分成单元式的专业实训空间。规划建设之前首先要对实训中心分类。一般来说，可以按技术应用领域分类、按学科属性分类、按专业设置分类。如表3-2所示。

表3-2 实训中心的分类

	内容	优点	缺点	适用
按技术应用领域分类	机械、电子、汽车、自控、管理、艺术等应用类别	便于技术交流和互助，充分利用资源，避免重复建设	投资大，类别全	规模较大的高职院校
按学科属性分类	物理、化学、电子、机械	有利于学科建设与基础课程的建设与改革	职业性较弱	基础实训
按专业设置分类	按专业需求建设	有利于紧贴新技术、新专业	适应性较低	新专业

以上分类方式可以互相融合，确定类别后可以进入合理布局阶段，将以上门类按照一定的方式进行细分并组合。目前实训中心的布局主要有三种模式，即课程内容导向模式、物质环境模拟模式与项目生产导向模式。

1. 课程内容导向模式

课程内容导向模式是以实训中心满足教学需求为依据，以方便教学而不是方便生产为目的进行的。满足教学需要是其基本的出发点，实训中心成为一间间的"教室"。其优点是容易教学和建设，缺点是显而易见的，即生产性被削弱了，综合实践能力被肢解了。高职教育是以实践为最终诉求的，因此只有具备整体性生产功能的实训中心才能承担实践导向的职业教育课程任务。这类细分组合的实训中心模式并不少见，如汽车实训类会对其岗位所对接的生产实践，分别按照三个流程（工艺、生产、管理）建设。汽车专业的技能培养要分汽车拆装调整基本技能、汽车维护维修技能、汽车故障诊断与性能测试技能，汽车实训基地分成了拆装、维修、故障诊断三个模块，每一个模块包含了若干专业教室。又如纺织专业实训体系按照纺织技术拆分为纺织材料、机织工艺、CAD、纺织展示、纺织标准、针织工艺等若干个实训室，承担不同的课程任务。这些都是比较典型的课程内容导向模式的实训中心。因为大多数职业院校的规划还是以学科为中心，以教学为中心来建设的，这样一次性投入少一些，是比较常见的实训中心组织方式。

2. 物质环境模拟模式

物质环境模拟模式是尽量模仿企业的空间布局，以汽车仿真实训为例，模仿汽车4S店比分解汽车修理流程无疑要好得多。当然建设仿真式的实训并非与企业尺度一样，其尺度要小得多，但基本的流线一致，并且空间格局、室内环境等细节都应全面模拟企业真实场景，令学生可以体验到真实的工作环境（图3-8）。

除了生产设备，实训中心还需要设置一定的教学设施，如座椅与黑板、投影设备与电脑（图3-9）。

3. 项目生产导向模式

项目生产导向模式比物质环境模拟模式又更近了一步，优化了物质环境模拟模式，按照企业的生产过程来组织实训中心的教学过程，学生通过在实训中心的模拟生产甚至真实生产，建构技术理论知识与实践知识。具体做法有两种：一种是深圳职院模式，另一种是宁波职院模式。前者以学校为主导，引入企业，该校早期建设

第三章 高职院校单体设计——功能优于形式 143

图 3-8 广州交通职业技术学院汽车仿真实训室

144　知与行——高职院校规划设计研究

图3-9　顺德职业技术学院实训中心实训楼的休息区与上课区

了工业中心,每个单元40个工位,设备投入很多(政府支持力度大),但效率不高。后来采用专项技术中心模式,如智能卡技术中心、模具开发技术中心等,按照专项技术中心形式来组织实训,下设置分室,整层管理,可承接项目(工业中心的基础实训除外)。由设备处统一调配需互相支援的实训分室,教师承接横向与纵向的真实项目,学生负责其中的部分环节,形成项目组,各司其职,技术、工业设计、市场调查、成本核算、经济财会,都由学生负责。学生能了解整个项目的运作过程与突破的关键点。专项技术中心模式以企业为主导,按照企业实际生产流程制定实训培训包,空间形态组织上是流水线的组合,以灵活使用的大空间为特点。实训中心教学方式的分类见表3-3。

表3-3 实训中心教学方式的分类

实训中心布局模式	教学设计模式	建筑形式
1. 课程内容导向模式	以课程为主	一间间教室的组合
2. 物质环境模拟模式	模仿企业	企业内的生产厂房结合教学区
3. 项目生产导向模式	模仿企业生产过程	生产厂房、营销仓储

以上几种模式是从教学、仿真实训到参与实际生产的逐步升级。早期建设的实训中心多是第一种形式,现在大部分高职院校的实训已经采取了第二种形式,即仿真式实训模式,对目前校园规划来说尚未造成较大的冲击。如果进一步采用了项目生产导向模式,那么在校园内如何规划基于教学功能的企业簇群显然就成了最值得研究的问题,带来一系列校园动线、基础设施和功能定位区分的问题。有的学校在积极探索和总结这方面的经验,吸取国外先进的经验,再结合本校实际情况进行操作。这不仅仅是校方需要探索的,更是教育管理部门、规划设计部门需要积极研究的办学新动向,从而可以在教育管理上做相应的变革。

3.3.4 实训中心的设计分类

职业教育的实训室从不同的角度有不同的分法，本节主要从设计角度来研究，按照《高等职业学校建设标准》从功能上分为 11 大类专业，从技术大类上又可以分为技术应用类、管理服务类和创意设计类。其中，技术应用类实训室要求模仿生产技术及工艺质量；管理服务类实训室以实物案例或者生产流线为主题；创意设计类则关注审美意识和技法制作。

本节按建筑设计方面的差异性分为基础实训室、工科实训室、经管类实训室、艺术及设计类实训室，分列如下。

1. 基础实训室

基础实训室是指承担多个部门实践教学如物理、化学、电子、电工等的公共实训室，如同公共教学楼在大学中的作用。这些实训室与普通高校的实验室不同，按照高职的定位与教育模式，更多强调概念的应用，多在于直接展示或者获得具体数据，因此不宜拆分（如物理实验室就不宜分成力、热、光、电）。建筑设计上以单间的实训室即可满足要求，彼此之间无需过多的联系。

一般可采用普通教室的平面组织方式，柱距 8 m 左右。首层为大型基础实训室，层高 4.5 m；二层为小空间实训室，层高 3.6 m。汽车类实训层高 10 m。

基础实训室面向全校进行技能训练与工业训练，并承担技术培训、技能鉴定与职业素质训导。因其不具备生产能力，可以集中设置在不靠外的位置（相对实训中心而言）。基础实训室的结构采用两跨或者三跨进深的布局方式，通常是 7.2 m、7.5 m、7.8 m、8.2 m，可分割为长短跨（如同教学楼）。综合来看，以 8 m 为宜，考虑到一个工位为 4 m×4 m，而且跨度也比较经济（图 3-10）。如常州科教城东区实训室为 6 m×12 m 跨度（为了灵活分隔），首层层高 6 m（图 3-11）。基础实训室的层高有一定的差别，但不宜低于 5 m。一方面由于机械可能要垫高，另一方面要考虑到通风，否则焊接实训、化学实训将产生空气污染。基础实训室要考

第三章 高职院校单体设计——功能优于形式 147

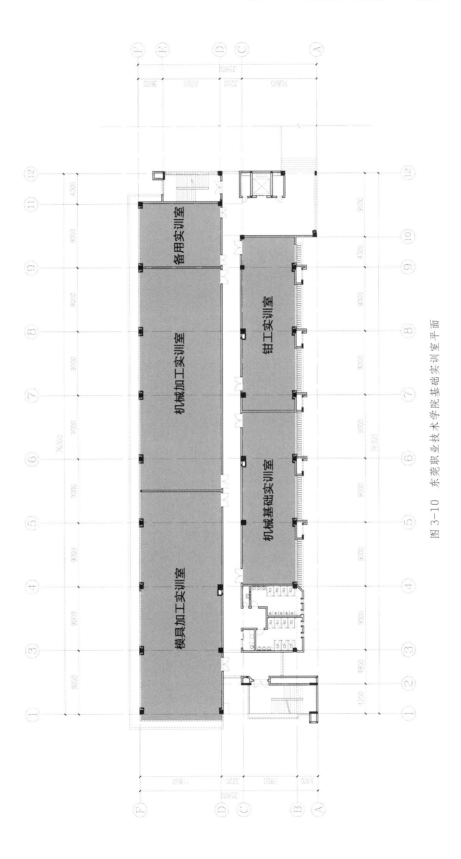

图3-10 东莞职业技术学院基础实训室平面

148　知与行——高职院校规划设计研究

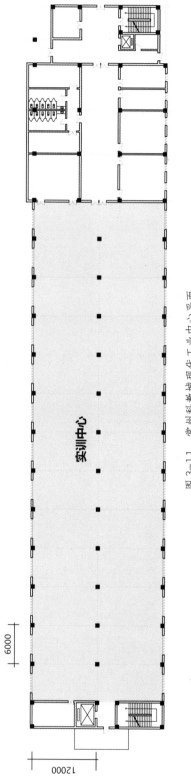

图3-11　常州科教城现代工业中心平面

虑上下水，一般而言在端头考虑上水，纵向设排水沟。在物理化学实训室，横向排水沟较多见（与需横向摆放实验设备有关）。

2. 工科类实训室

这种实训室是最能体现高职院校特点的，也是最重要和投资最大的实训室。需要从技术分类、后勤服务、水电气供给、设备荷载与未来发展整体考虑。其布置原则如下。

（1）技术类别相近且密切联系的实训室应尽量靠近，以方便使用。

（2）需要供动力电、供热、供冷、供气、供油及三废处理的实训室应靠近设置，以减少投资。

（3）产生噪声的实训室应远离其他教学区，以免产生噪声干扰。

（4）设计要充分考虑设备的体积、重量、振动对楼层的影响。如汽车、印刷、机械类实训室设备笨重，精密检测与激光实训对振动有要求的实训室均要求设置在底层。

（5）充分考虑未来发展可能性。在可能的情况下尽量采用大跨度与大层高，并统一柱网布局。采用服务体与大空间结合的格网式设计以便适应未来发展。

《厂房建筑模数协调标准》（GB/T 50006—2010）将厂房划分为跨度 18 m 以下及以上两个标准，18 m 以下厂房采用 3 m 模式制。金工车间、汽车及飞机维修为大跨度，超过 18 m。而其他厂房则控制在 18 m 以内的 3 m 模数（表 3-4）。工科类的实训室层高在可能的情况下宜高不宜低。机械、汽车类实训室内放置大型设备，一般布置在底层，层高一般不应低于 6 m，如果要行车，则要达到 8 m 较合适，其他楼层的高度不宜低于 4 m，柱网以 8～15 m 为宜，一般采用长短跨组合以利于上层实训室的使用。荷载不宜低于 500 kg/cm^2。如果是机电类高职院校，考虑到其他楼层要放置重型设备，楼层荷载要预留到 750 kg/cm^2。对工科类实训室的原料、耗材、成品、危险品等的流线提供充分的空间，充分考虑设备的搬运、人流物流出入口，并要设置货运电梯。应结合大空间设置夹层以充分利用层高，在夹层设资料室、管理办公室与理论教学室。

表 3-4 工科类实训中心的跨度

名称	跨度	名称	跨度
常州科教城现代工业中心	6 m×12 m	中山职业技术学院实训中心	8 m×18 m
顺德职业技术学院实训中心	8 m×16 m	番禺职业技术学院实训中心（珠宝）	9 m×10 m
宁波海天学院实训中心	6 m×15 m 6 m×6 m	广州番禺职业技术学院实训中心（机电）	18.6 m×5 m
南京工程职业技术学院实训中心	6 m×5 m	广州番禺职业技术学院实训中心（软件）	4.5 m×17 m
广东机电职业技术学院实训中心	6 m×8 m	广东轻工职业技术学院南海实训中心	7.8 m×7.8 m
苏州工业园职业技术学院实训中心	12～15 m	广州民航职业技术学院机场实训中心	40 m×60 m 8 m×10.5 m
广东交通职业技术学院公路实训中心	6 m×6 m	广东水利水电职业技术学院从化校区实训楼	8 m×12 m
深圳职业技术大学大西区第一实训楼	8 m×8 m	东莞职业技术学院实训中心	7.8 m×13.5 m 9 m×21 m
深圳职业技术大学大西区第二实训楼	8 m×8 m	常州信息职业技术学院实训中心	8 m×8.8 m 7.2 m×8.8 m

实训厂房（考虑吊车梁）应满足工业厂房设计规范，其开间与进深应满足 300 的设计模数，跨度应大于 6 m，层高在 9～12 m，一般 9.6 m 可以满足大部分专业实训厂房的层高需求。

实训厂房面积应根据实施的实训项目轮换次数进行计算，其中面积为 1500 m² 的实训厂房较为多见。实训厂房是较大的实训空间，占地面积大，做好荷载及设备使用条件规划，应建设多层厂房，避免浪费土地，满足实训教学要求。

非厂房的制造业实训室会引入大中型的设备，比如数控、汽车维修、机电一体化等，实训项目的综合性比较强，同一实训空间至少设置 2 组实训项目，比如汽车实训室可能布置汽车拆装、汽车底盘及汽车维修。大型实训室的长宽比为

1∶3～1∶2，高度为3.9～6 m，4.5 m能满足大部分实训室的要求，实训室的面积从500～1000 m² 不等。

工科类制造业实训室可能对环保有比较严格的要求，建筑设计上要考虑对有害物质、烟尘、废水废气甚至放射源的处置方式，另外还需要注意校园安全的问题，除了消防报警系统，有燃烧、爆炸危险的工科类实训室尽量远离教室与办公室，保持安全距离，万一发生灾害性事故，人员可以迅速疏散。

在消防定性方面，目前很多设计依然参照教学楼消防设计执行，原因是民用建筑消防相对宽松（如防火间距），但作为生产性的实训仅按民用建筑防火规范设防是不够的。从另外一个方面来说，这种类型的实训室毕竟是以教学实训功能为主的，设置在校园内，因此笔者倾向于生产性的工科实训厂房大致按厂房消防规范执行，但应酌情放松，如对厂房级别定性尽量定低于丙类厂房。

3. 经管类实训室

经管类多为仿真类的实训室，由于专业的特点，企业不可能接受较多的经管类学生同时在某岗位顶岗，财务、文秘专业一般集中到一家企业实训，除了分散实习顶岗，大多数还是集中在一个仿真环境的实训室学习。如按照海关报关程序建设的实训室、旅游专业按照宾馆客房建设的实训室，都属于这一类别。这类实训室很少有生产性的要求。

经管类实训室对供给、荷载、环境的要求没有工科实训室那么高，因此可以将这个类别的实训室单独建设或者集中在一起建设，以免受到工科类实训室的影响。在一般情况下，这些实训室不会是大空间，不应布置在底层，而应在较高的楼层，利用长短跨灵活布置。经管类实训室一般都会用到计算机，因此须考虑与计算机房实现资源共享，场地面积应大于 2 m²/人，环境保持与真实工作环境一致，并以适用为度。

4. 艺术及设计类实训室

艺术及设计类实训室涉及的面比较广，如珠宝、家具、动漫、服装设计、舞蹈、音乐等。珠宝、家具专业要求与工科类实训相近，其对环境要求没那么高，并且可以适当降低层高至 5 m。动漫专业则以为计算机房为主。服装设计则按照服装制作的流程形成线形的实训室并需要考虑时装展示厅（演艺厅）。舞蹈类还需要增加形体训练厅，需要考虑两层的层高以适应大空间。而音乐专业的视听室多是阶梯教室，以便每个学生都能看到教师的示范，但这种阶梯教室并非大学校舍常见的大型阶梯教室，考虑到视距的问题，一般应控制在 40 人以内比较合适（一个班的学生的教学）。有的艺术及设计类实训室会有生产性的需求，如服装工作室、陶艺工作室、创意设计工作室，并根据需要设置展示厅及教师工作室。

3.3.5 实训中心的布局形式

实训中心是职业技术院校的核心，影响实训中心在整个校区中的布局因素很多，其中最主要的是该实训中心的分类与组合模式及是否具备生产能力。当然也有相当的原因是人为的总平面审美构图因素。

1. 总平面布局

（1）位于校园的中心。

以实训为中心来组织功能，并不意味着将实训中心规划在校园的中心。首先，虽然将实训中心安排在校园中心能凸显实训的重要性，展示职业教育的特点，但无论从规划分区上还是实际使用上都是不太合适的。其次，实训中心运作起来并不会对周边的校舍产生较大的影响，如较少噪声、危险性、交通流线等。再次，位于中心的实训中心已经预留了足够的扩建空间。故能满足这三点要求的实训中心的规划不多。事实上，将实训中心规划在校园中心的方案较少见，各方难以认可实训在规划布局的中心地位，如东莞职业技术学院方案将实训中心布置在校园中心中轴线上（图 3-12）。从功能的角度来说，适合设置在校园中心的实训中心应当是基础实训楼与经管类、艺术类实训楼和工科的计算机、电子信息实训楼，并按照组合式实训楼或者实训综合体的功能组织方法建设，机械汽车类的不宜建设在校园中心，靠边设置更能满足其对外交流的需要。

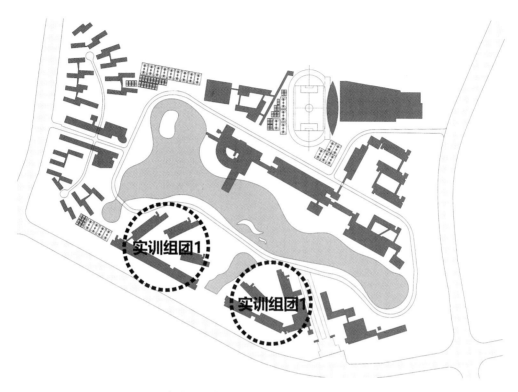

图 3-12　东莞职业技术学院实训中心位于校园中心（方案）

（2）位于校园的一边

实训中心是学校的重要校舍，但它不可避免地会产生一些噪声、废气，外形与内部和厂房比较相似，因此即使人们观念上认可高职院校的实训中心为最重要的建筑物，还是会将它设置在校园一边。其实这样更有利于实训中心的发展。实训中心按照参与生产与否，分为对外和对内两套流线。对外的多设有大型的实训用房与设备，原料进出频繁，校企合作要求实训中心对外联系方便，对内则需利于学生上课。因此设置在校边缘的位置，有独立的出入口与校外交通相连，方便设备与材料的装卸和运输，也可以对外承接技术培训与技能考试，不影响校内教学运作。如宁波职业技术学院将实训中心靠近东边设置，并以一条独立的道路联系西边的科技园区（图3-13）。

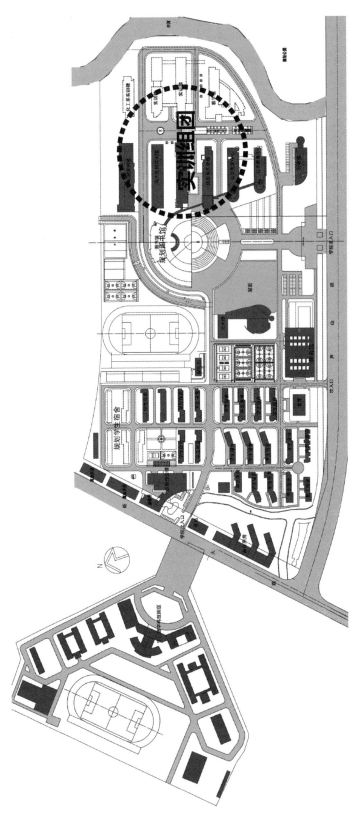

图3-13 宁波职业技术学院实训中心位于东面

这样布局的优点在于：①避免噪声、废气对校内的影响；②有利于校企合作与对外培训；③预留用地，便于发展。缺点是：①将实训中心地位边缘化；②校前区的绿化景观难以惠及实训中心；③欠缺人文方面的考虑。

（3）分散式布局。

实训中心种类非常多，因此没有必要也没有可能将它们设置在一栋楼内，高职院校的专业特点使得学科之间的交流较少，相关专业完成一个项目的时候交流可能更多，因此可以考虑将实训中心根据不同门类分开设置，与教学楼、图书馆等建筑融合在一起。如广东轻工职业技术学院南海校区将实训与教学楼组团设置，靠近校园边缘，适应了用地自然地貌的情况，实训中心的景观也得到了美化，与校前区充分接近（图3-14）。

2. 平面设计

在建设节约型社会的背景下，节约用地与节约造价是集约型校园建设的重要内容。实训中心类型多样，空间的大小不同，层高不同，形成了多种实训平面。

实训楼大致分为单个实训楼、组合实训楼两种。单个实训楼如同厂房，或将上下大空间叠加在一起。平面形式多为矩形。首层层高为8～10 m，一般不设置吊车。二层层高6～8 m，由生产情况确定。这类实训楼可以用来承接生产性项目，如汽车检修、机械加工。单个实训楼类似厂房，一般会在一端设置讲解理论间。因为占地面积较大，功能单一，更多表现为组合式实训楼。组合式实训楼分为以下几种。

（1）并列大空间式。

这种实训楼是以多层通用空间为组合单元，可以通过灵活划分以满足不同性质的实训需要，实训单元面积为150～1500 m^2。这种实训楼选用较大的柱网和层高，以交通体和中庭相连接，根据不同功能需要，统一考虑了供水、供电和供气。如涉及工科制造业类的实训，根据消防规范可采用多层厂房的条文，将其定性为低于丙类厂房。优点是便于分期建设，土地率利用率较高；均匀布局的大空间适应性较强。缺点是分隔为小实训室后通风采光不佳（图3-15、图3-16）。

156　知与行——高职院校规划设计研究

图3-14　广东轻工职业技术学院南海校区教学实训组团

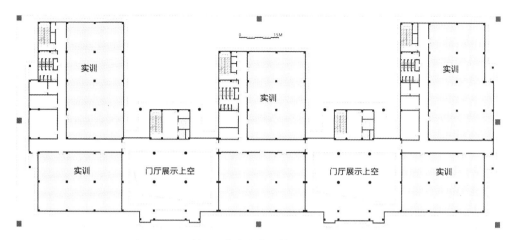

图 3-15　深圳职业技术大学西校区大空间组合实训楼

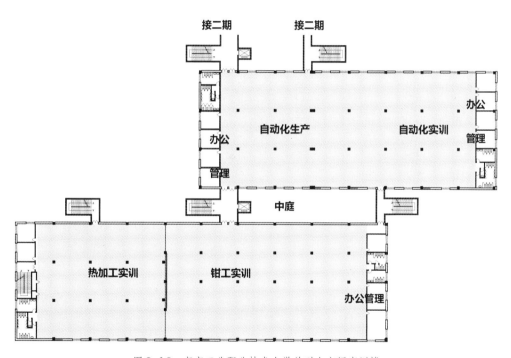

图 3-16　南京工业职业技术大学并列大空间实训楼

（2）L 形组合式。

L 形组合模式与教学楼比较类似，适用于大空间需要进出频繁、小空间需要集约使用的情况。这类大空间可能需要几个方向的入口。由于某个实训空间需要大跨度及高度，上层难以设置功能，形成了 L 形组合式的实训楼。小空间实训围绕大空间集约设置，组合后以连廊连接，中间的空地为未来建设大跨度实训用房留有余地。优点是大空间实训楼可以独立运作，并有两个方向的出入口，小空间实训楼集约设置，可以高效利用土地。缺点是扩展性不强，灵活度有限（图3-17）。

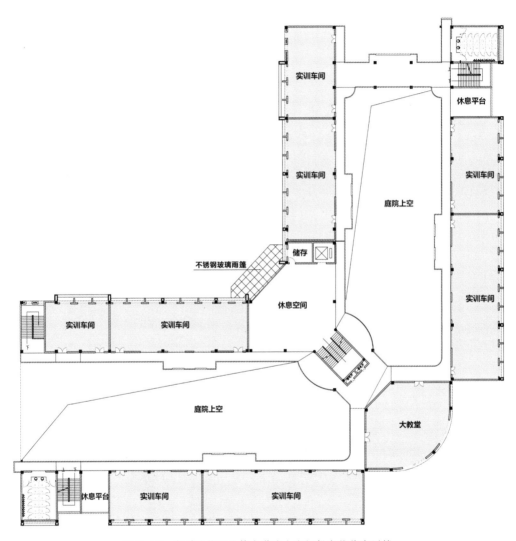

图3-17 广州民航职业技术学院大空间机务维修实训楼

（3）U形组合式。

组合式的实训楼是在按照实训的分类分组并组合后，形成的一种被普遍接受的平面形式。大空间位于底层并形成一个方向的出入口，而小空间位于上层的U形平面，中等大小的空间位于大空间之后，可以灵活调配为大空间使用。这种模式的组合是两大一小一中的组合,优点在于大小空间可以一起运作,并且在层高方面可以较好地交接高层高大跨度的空间。对于理论实践教学一体化的实训来说,大空间周边的夹层可以很好地满足理论教学、资料查阅、贮存、休息等功能的要求。可以按照模数化的设计从纵、横两个方向组合,节约用地,预留的灵活度很大,也适合分期建设(图 3-18)。

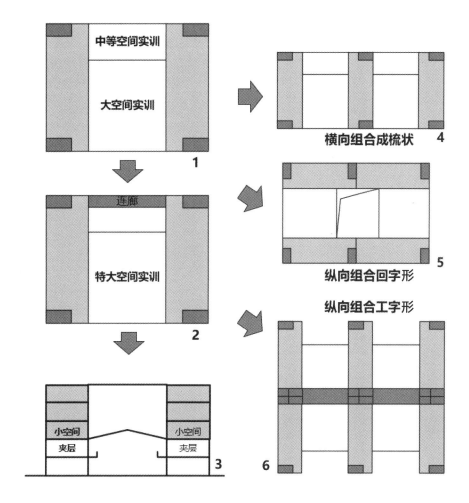

图 3-18 组合实训楼示意

这类组合式的实训楼在设计中要注意间距合理,不同功能间的分层设置要合理,彼此不能干扰,另外,某些实训工艺有一定的危险性,消防设计是设计中需要重点关注的问题。目前我国建筑规范对这类包含教学厂房类的综合建筑没有明确的定义,如消防按照厂房定性，则理论教室与资料阅览之间的消防设计存在困难，也有的消防定位为教学综合楼，对工艺厂房的火灾危险性可能估计不足。

3. 实训中心的内部划分

实训中心内部设计首先要满足实训教学的要求，即真实的生产条件的营造、理论教学的内部环境营造。有些专业实训，如汽修、机电、金工等需要设置防酸、防滑的地面，有的需要上下水、排废气，有的需要模拟某种未来的工作情景，进行实训中心内部设计之前首先要了解这些设备的工艺要求。然后根据实训的要求分隔墙体，进行隔音、隔热、防火等处理。玻璃分隔是常见的实训室内部分隔，便于后期改造划分新的实训空间。使用玻璃分隔采光更佳，有利于保持空气流通，但玻璃的隔音效果比较差，需要结合其他材料进行隔音处理。实训中心内部分隔材料的选择应根据实际需求灵活应变，使用多种材料。

在设计中还需要注意实训的安全性，该建筑本质上还是教学设施，并按照不同人流区分动线（如考虑参观流线与教学流线的冲突等）。

3.3.6 实训中心的地域人文

实训中心不仅是培训及实践的场所，更体现了高职院校办学的教育理念：实训中心是工艺场所，它也是教学楼。职业教育与人文教育不可或缺，这里体现了学与术的交织及平衡。分析实训中心的教育性与人文性，就需要从技术规范层面与精神满足层面去研究。技术规范层面是指要满足人的基本心理需要，如尺度感、舒适感、便利感、安全感；而精神满足层面则更高一层，是指要满足人的场所感、荣誉感、历史感等。

1. 建筑造型

首先，技术规范层面的地域人文特点来自职业院校所在地区的产业特点，比如：佛山纺织职业技术学院所表现出来的纺织行业的特点——大量的染整、印染、纺织实训用房的通风设计；常州现代工业中心焊接实训空间的特点——良好通风和防护措施。这些都是产业特点所表现出来的产业地域性。其次，建筑造型受所在地区地域文化的影响，表现为建筑材料、建筑形式固化了一定的建筑文化特性。最后，人文特点还有建筑细节以人为本、处处为教书育人服务，建筑造型区别于职业培训机构的风格，区别于厂房企业的风格。

建筑的出入口要满足设备进出的需要，也要考虑与校园步行系统的衔接。在出入口要设置自行车车库和强化步行道的人性景观设计，同时无障碍设计也是不可缺少的。优美校园环境来自高绿化率和富有层次感的景观设计，这种绿化不是简单将实训中心遮挡或隔绝的绿篱，而是学生可以进入其中放松身心或晨读的良好环境。有的因素会影响建筑外立面，如建筑窗地比，厂房建筑窗地比比教室要大，厂房为 1/6～1/2.5，教室为 1/10～1/6，取 1/6 左右为宜。建筑造型首先应满足功能需求，其次才是整体校园风貌协调。

实训中心的建筑造型不一定要与企业厂房相同。在满足实训教学的要求下，建筑造型设计应符合校园风格，因为实训中心也是校舍，承担着教书育人的功能。营造校园的历史感体现在校舍的建筑造型语汇。高职院校历史不长，应研究富有历史意义的老校舍，或用形似、神似的方法展现在新建校舍中，从而延续校园建筑风貌。职业院校不大，一般而言，不宜使用过多的符号，也不宜在不同区域用不同的造型手法。

在设计中要注意大型实训中心的尺度感与其他校舍的合理搭配。建筑造型无须完全模仿生产工艺的做法。实训中心可以采用当地的材料与建筑形式进行搭配设计，校舍应体现文化教育建筑的地域特点，内部环境可以模仿工厂，但外部环境应尽量向教学楼的造型靠拢。特别需要弱化大尺度厂房的突兀感，采用单元式的立面组合，色彩尽量简洁明快，注重建筑装饰细节，强化教育建筑的氛围。实训中心周边环境设计要到位，提高舒适感、便利性（图 3-19）。

图 3-19　东莞职业技术学院实训楼

2. 景观环境

精神满足层面主要从人的心理感受出发。心理感受一方面是功能细化带来的舒适感，另一方面是形体环境所蕴含的建筑历史感与地域感。实训中心作为以实践为导向的教学设施，大量的工业设备与工业构造令其工业味有余，教育味不足，因此提升感觉层面的地域人文特点必须从教育以人为本的角度出发。

实训场所内的环境一定要模拟真实的工作环境，这一点是毋庸置疑的。在设计中要注重与工作环境并置的资料阅览室、理论教学室的设计，也需要加强展览空间的设计。这里对细节的多方面考虑能明显提升学生的"教育感"，适当减弱"培训感"。笔者并非认为培训感不利于高职教育，而是认为"知"（教学求学）与"行"（实践技能技术）是高职教育的两个方面。我国大多数实训中心的职业感强，教育感弱。提升教育感应当对工作场所以外的地点加以重点处理。一个以学生为本、处处体现以教学为重的实训中心与一个生产性的实训中心相比，前者当然具备教育建筑的特点。

第一，建筑内部应营造合理的视觉环境和听觉环境。视觉环境包括建筑内部的基质景观，如绿地、水池，还有特质景观，如雕塑、校训；听觉环境包括噪声的隔离、声环境设计。实训中心适当设置绿地、水池可提升教育感与人文感，如苏州工业园区职业学院的实训中心走廊，见缝插针地布置了小庭院，并进行了绿化设计，用玻璃隔断引入室内，营造不同于工厂的实训场景。此外，利用特质景观强化校园的个性特征，并与校园历史文脉相统一。高职院校普遍办学历史不长，更应从前身找寻校园历史文化脉络，环境设计立足于打造校园文化，可以通过引入艺术家的创意作品加强校园创意空间文化氛围的营造。

第二，在实训中心设计中应充分考虑学生接触面的设计。接触面泛指与人体接触相关的部位，研究使用舒适的功能性细节。就校园建筑而言，主要是学生坐立休息使用的空间界面，体现交往需求及表达人文关怀。具体说来，即实训中心内部需设置一定的交往空间。这样的交往空间应符合人的行为和心理习惯，如私密、遮阴、采光与通风，并具备一定的混合功能，如休息、交谈、售卖（自动售货机），不能仅设置一片平台就认为是交往空间。还要注意不同地域环境下交往空间的适宜形式，南方炎热地区可以在架空层、扩大的外廊、露台形成交往空间，而北方因气候寒冷更需要温暖向阳而避风的内部交往空间。将实训中心向综合功能校舍提升，区别于仅是生产场所的空间特征。如无锡商业职业技术学院的实训中心（图3-20），该实训中心在平面设计中结合南方气候穿插了院落与架空层，空间形态非常丰富，用建筑坡道连接上下两层，并设置了多层次的交往空间。建筑造型轻巧、现代，与工厂车间有较大的区别，外观具备教育建筑的特点，与校园其他校舍和谐统一。

164　知与行——高职院校规划设计研究

图 3-20　无锡商业职业技术学院实训中心平面与造型

3.4 图书馆

高等学校图书馆是学校的文献信息中心，是为教学和科研服务的学术型机构，是学校信息化和社会信息化的重要基地。高等学校图书馆的工作是学校教学和科研工作的重要组成部分。高等学校图书馆的建设和发展应与学校的建设和发展相适应，其水平是学校总体水平的重要体现。由于图书馆在大学校园中有着强烈的标志性意义，设计时经常将图书馆列为大学规划的中心，以图书馆为构图中心、空间中心、交通中心来组织校园规划体系。图书馆在研究型大学中起到举足轻重的作用，一座好的大学图书馆应该具备使用便利、功能完备、延续文脉、彰显个性和活跃交往等功能。图书馆的主要功能是贮存资料、借阅、会议交流、学术研究。高职院校的教学定位使得图书馆这四项功能与研究型高校有较大不同。目前高职院校的规划设计还是以图书馆作为规划构图与建筑设计的核心校舍。在实际使用中相当多的高职院校图书馆有意无意地被边缘化了。建而少用成为常见的现象，也是目前困扰高职教育办学者的问题。以前的高校图书馆研究成果多是基于研究型大学图书馆得出的，笔者则从高职院校图书馆管理与实际调研的情况出发探讨高职院校图书馆的设计问题。

3.4.1 高职院校图书馆功能定位

高职院校图书馆的基本定位应与高职院校办学的宗旨一致，即为职业技术教育服务。与普通高校图书馆相比，其管理理念、馆藏建设、服务对象、服务方式和设备设施方面有以下特点。

在管理理念方面，高职院校图书馆与学校的专业设置一致。高职院校除了承担全日制的职业教育功能，还需承担大量成人教育与培训工作。因此高职院校的图书馆管理理念有更大的开放性。首先，开放性体现在与学科建设保持一致，高职院校专业更新很快，有的资料可能过一两年就完全不适用于生产一线了。其次，开放性体现在服务人群的范围更广，除为学校提供教学科研服务，还要把图书馆逐步建成一个开放的学习中心与终身教育的机构。

在馆藏建设方面，高职院校图书馆更注重收集专业操作技能方面的文献，理论知识以够用为度；重点收藏具有指导意义的国家标准、行业标准和与资格考核相关的非图书资料；图书情报工作更注重查找相关产业的最新技术和操作手册，并与企业建立良好的沟通渠道；不同专业之间共同点较少，综合阅览限于部分理论著作与综合性读物。

在服务对象方面，因高职院校需承担成人教育与培训工作，图书馆藏书比较实用，偏向普及性与大众性读物，服务对象也不仅限于全日制的学生，也可为本地科研部门、高技术产业、工业企业与本地培训群体提供多样的服务。

在服务方式方面，高职院校图书馆的服务方式是多元化的，除了提供普通的借阅服务，还可根据需要为师生提供教学与研究场所（如项目组的集体工作，需一个或者若干个协作空间，包含多媒体的演示、资料的收集整理工作）。

在设备设施方面，高职院校图书馆应提供基本书籍及电子检索服务，应适当减少学术交流用房，增加项目组（实训课题）的工作室用房。

表3-5为高职院校图书馆与普通高校图书馆的对比。

表3-5 高职院校图书馆与普通高校图书馆的对比

	普通高校图书馆	高职院校图书馆	高职院校图书馆设计趋势
管理理念	为学科建设服务	为本校及社区服务	高职院校图书馆更加开放
馆藏建设	基础理论与专业书籍并重，藏书多	实用资料与服务支持，藏书少	阅览单元细分，设置系部资料室
服务对象	学生、研究者	学生、再就业群众，本地科研部门、高新技术产业	不同层次使用者流线的考虑
服务方式	与国内外学术资源一体、机构共建	专科阅览、校内信息资源	图书馆专业细分形成单元，并考虑不同学历的学生
设备设施	多媒体教学、文献检索、学术交流	基本书籍及电子检索	适当减少学术交流用房，增加项目组（实训课题）的工作室用房

3.4.2 图书馆评估体系与建设现状

教育部《普通高等学校图书馆评估指标》内一级指标是按照研究型大学图书馆制定的，一级指标为：①办馆条件；②文献资源建设；③自动化网络化数字化建设；④读者服务；⑤科学管理。一级指标再分化出二级、三级指标。一方面，对高职院校最主要的功能——实训与培训的评估指标不多，对上文总结的高职图书馆功能定位特点适应性的指标也不多，仅有如读者服务中的开馆时间、开架率、读者素质教育（培训）等。另一方面，评估指标趋向于研究型大学图书馆，如学术成果、馆际互借、学术会议、科研课题（分级别）、学术组织成员等，规定按照学生数量的阅览座位与藏书册数来决定图书馆的得分。这些方面正是高职院校图书馆的薄弱之处，就指标提取而言，精英化评价体系与大众化职业教育的普适性矛盾比较突出。

从高职院校学生结构来看，目前我国高职教育学历层次为大专，没有硕士生与博士生这些较依赖图书馆的学生群体，学制为三年，实行"2+1"制度，即前两年用于系统的理论学习，最后一年学生在校外顶岗实习，因此学生最后一年不在学校学习，基本上不使用图书馆。第一年学生学习大量的基础理论课程，以形成完整的知识体系，这一年利用图书馆的概率较大，多是为了考试而去图书馆自习，较少查阅资料和进行拓展研究。学生在第二年进入专业实训学习，图书馆的利用率更低，在实训中心也需要一定的理论教学，因此部分资料可储存在实训中心内以供教学查阅，有的学校因此成立图书分馆，实际上是系部的资料室，从而形成理实一体化的实训中心，这种综合性校舍更为常见。

从教师层次看，高职院校提倡"双师型"人才，即教师技师一体化。这种师资定位决定了教师不宜长时间在图书馆做学术研究，也不申请研究型基金，而是要提升知识水平与实操水平。因此，教师对图书馆的利用率也不高，他们更需要位于图书馆的项目组工作室，方便开展实训课题的实操研究。至于高职院校的开放性和社区性，比如在图书馆展开社区培训和举行展览活动，就目前阶段而言还远远未能做到，如何协调社区机制和学校机制，这方面还没有可行的政策与制度，但这应该是未来的趋势。

关于面积规模与建设定位，现阶段图书馆的面积指标是根据《高等职业学校建设标准》来确定的，按照10000人规模，高职院校图书馆的面积将在13000 m^2 以上，加上一些其他功能用房，如行政用房、学术交流用房，其规模完全可以作为"标志性建筑"来设计，因此许多规划设计方案将图书馆列为校园建设的核心建筑。实际办学中有观点认为，图书馆是比较重要的建筑。建设标志性校舍应该在造型上加以强调，强化高职院校作为高等学府的特点，也可加入其他校舍功能成为综合楼。另外，图书馆应与社会共建，否则投入太大，利用率也不高。也可在各系部设立分馆，这样总馆的面积可以小一点，并与其他校舍合并设置。图书馆应该对社会开放，承担培训及查阅资料的任务。有观点认为在实际办学中图书馆的利用率确实不高，无须设置面积过大的单体图书馆。如果建设不达标，评估又无法过关，就是一个矛盾，只能采取先建设、后改造的办法。

比较《普通高等学校建筑面积指标》与《高等职业学校建设标准》图书馆的指标，就10000人理工科高校对比而言，前者为1.7 m^2，后者为1.3 m^2；将2015版《普通高等学校图书馆规程》和2002版进行对比，前者删除了专科图书馆指标为本科90%的条文；2020年《中华人民共和国教育法》强调了本科职业教育的重要性，就图书馆面积指标而言，高职图书馆的面积指标已有所放松。但这些差距仍不足以反映研究型大学与高职院校图书馆的使用差别，也不太符合高职图书馆目前实际使用的情况，应做更进一步的调研，以确定实训教学为主的高职教育究竟与研究型大学之间对图书馆人均面积的指标差值，并且图书馆应同时作为教育设施与实训中心。这种差值不应成为职业教育与研究型高校之间的评估差距，因为这种差距将导致目前更多高职院校为了升级而兴建使用率较低的图书馆，脱离了高职院校应以实训为建设重点的核心，应大力探索建设本科层次的职业教育，做到与研究型大学的层次对接，这样关于图书馆建而少用的问题才有可能找到答案。根据笔者的实地调研，无论是否新建图书馆，很少有图书馆面积不够使用的情况（实训面积不够的情况则很多）。事实上，高职院校图书馆多建设为图书综合楼，这种综合楼并非教学综合体，而是把行政楼、图书馆、教学楼组合在一起，也有的学校将图书馆某部分面积改造为实训用房。

3.4.3 高职院校图书馆设计策略

1. 基于实际使用需求的功能定位

要从实际需要出发确定图书馆的定位、规模和功能，然后对图书馆可能承担的任务进行充分的调研，拟订切实可行的任务书。尤其是建设规模，对于发改部门来说是上限，在学校实际操作中又作为下限来执行。这样带来的问题是图书馆可能在首期建设的时候规模就偏大（因为大多数图书馆是一次建成的），后期需要再建设分馆时已经突破了指标的上限，虽然《高等职业学校建设标准》偏低（相对于《普通高等学校建筑规划面积指标》的拓展幅度而言），但高职院校图书馆突破上限并且加建分馆，可能会出现浪费面积的现象。因此，分批分期地建设图书馆是一个比较可行的策略。其核心是将基础类课程所需要的图书馆面积汇总在一起，成为学校的总馆，面积宜小不宜大。不应为了满足标志性建筑的要求而使图书馆具备各种功能，以求得体量的最大化。即使需要标志性的建筑，也可以建成一体化教学楼。因为高职院校图书馆面积不可能很大，其次将一个利用率不高的建筑作为主楼并不合适。至于为了标志性的高度不顾实际使用功能把图书馆拔高做大就更值得商榷了。

首先，图书馆分期分批建设是指基础图书馆（总馆）可以分两期建设。前后的接口要明确区分，并对未来施工过程中的使用流线与安全性做详细考虑。图书馆分期是考虑到高职院校专业发展所带来的不确定性，即使三五年也会有重大的调整，若一次投资建成，则资金压力大，灵活度不高，受到偶然因素干扰比较大，分期建设则能随时调整建设策略。其次，要重点考虑设置系部资料室（图书馆的分馆），设计上统一考虑，分馆可以成为附属于某个实训教学综合楼的一部分。建筑柱网统一，层高统一，荷载统一，可以设置一个通用的分馆标准模式来协调各分馆的建设。

图书馆有可能作为项目组工作室，因目前院系是按照学科分类的，有的高职院校非常强调系统的实践活动，利用项目来进行教学。在这种模式下，不同专业的学生将组合到一起共同完成一个项目。在这种情况下，图书馆应当提供的服务包括对项目资料文献的综合收集，开辟专项阅览室、项目工作室（专业教师在内备课、师生讨论、实际操作），并提供多媒体服务，图书馆设计就需要为这种服务预留一定的空间。设计上要保证方便查阅资料，空间比较独立，人性化设施齐全，数字网络畅通，预留多媒体演示设备接口等。

高职院校图书馆总馆的设计应该突破单学科的局限，加强数字化资源服务和多媒体资源服务，让学生在实践中获得职业技能知识，营造交往空间，开展多元化活动，感受多样化的文化氛围，在"知"与"行"之间取得最佳的平衡，从而提供一个投资合理、利用率高的建筑设计方案。

2. 基于整体设计的弹性空间

基于整体设计的弹性空间这一要求在普通高校图书馆多次提及，如平面空间的灵活性、阅览层的设置与上下联通、藏阅关系的自由互换、空间界面的流动感，这些都是切实可行的弹性空间。要区分弹性空间与非弹性空间，将弹性空间作为一个整体来设计，并切实考虑各种人性化的细节。弹性空间主要由借阅、检索和辅助多功能空间组成。

对于高职院校来说，图书馆的弹性空间应具有多功能使用、模块化设计的特点。如设置某些多功能空间，容纳300个座位的学术报告厅应兼顾实训中心及合班教室的级差规划，某些区域（如研究室）的功能可以与会议室、阅览室甚至讲演厅进行叠加使用。模块化设计可研究本校实训教学特别是特色项目组的要求，寻求最大公约数，设定可移动模块，满足不同空间的需求，并能更改与移除，如采用可移动家具和灵活的空间布局，针对不同的活动利用可调节的墙体与可折叠的隔断，设计灵活变化的空间布局。其重点是消除噪声的影响，在室内通过自由座位和固定座位的混合设计，比如自由座位设置在需要交流合作和讨论的区域，固定座位设在可以沉浸式学习的区域。另外，高职院校图书馆应具备较高的开放性，设置更多的展览与社区可参与空间，这类空间也应放在灵活使用的空间范畴内考虑。

3.5 教学楼

在《高等职业学校建设标准》中，必备校舍第一栏教学实训用房包含了教室、专业教学实训用房及场所、系部及教师教研办公用房。将高等职业教育中有关教学的校舍（图书馆除外）归结为一项大指标，虽然下面还有分项建议值，但不同功能的子项之间的数值关系是可以互相转换的。本节讨论的教学楼是指教室这一子项，包含了公共课程、专业理论课程的一部分，但不包含专业技能课程的校舍。

教学楼在高职院校中是上公共课的场所。在高等职业教育这一类别中，一年级学生的公共课程相对集中，主要为基础课程，如机械制图、计算机基础、英语基础、应用文写作等。很多学校在第一学期就加入工学结合的课程，从岗位需求出发，尽早让学生接触实践，为学生提供体验完整工作过程的机会。这样的做法使得公共课程更少。非工科类专业学生，如管理、文秘类专业的学生在教学楼学习的机会比工科类要多，因为这些专业课程之间的交叉点较多，学生需要集中上课。

高职院校的教学楼与普通高校的教学楼并无太大区别，基本采用 E 形或者回字形的组合，或者利用连廊形成集群式的教学楼。主柱采用 8 m×10 m 左右的跨度，每个班级可容纳 40 人上课，楼距之间为 25 m，以得到正常的日照，并隔离一定噪声。条形教学楼的两边是辅助与交通空间。这种平面多采用单外廊式，也有因用地紧张而采用内廊的，但应注意局部透空，避免采光不佳且增加排烟设备。

大学的教学楼有两种倾向：一种是逐渐向大规模的集群教学楼发展；一种是逐渐整合其他功能，如学术交流、休闲休息、资料查阅、社团活动等。高职院校的教学楼（或称基础教学楼）中较少有这些倾向。首先，校园建设规模不算大，其次，职业教育的基础教育规模不算大，建筑面积集中在实训中心或者各系部，若集群起来，虽节约用地，但会彼此干扰，没有太大意义。因为职业教育专业之间差别较大，交流不易，且利用职业培训包设置课程本身就有形成专业壁垒的弊端，偏重于实操的教学模式对于跨学科研究来说是不合适的，因此若非用地实在紧张或者从集约规划出发，很少有高职院校建设集群式教学楼。职业教育院校建设多功能教学楼，大多是因为实训面积不够而将设备放进了教学楼内作为实训空间。实训面积不够是高职教育普遍存在的问题。这又归结到指标研究的范畴了。

集群式教学楼常见于规模较大的研究型大学，在学科交流频繁、教学楼使用频率很高、无须实训实操、学生素质较高、用地更经济的情况下可以实现集群式教学楼，以图书馆为核心形成集群式教学楼的核心。反观高职院校，头部的高职院校因实训中心规模很大，不宜将教学楼集中布置。如果要建设集群式教学楼，更应充分考虑教学实训一体化，要在这个基础上再研究集群式实训教学楼，而不是建设以基础教学为主要功能混合其他辅助功能的综合体。

在教室内部布置方面，高职院校的教学楼与本科院校和中学都有区别，简单来说，本科院校多数专业是没有固定教室的，根据每学期的教学安排统筹教室分配（当然也有一些系有专业教室，如建筑学专业课室）。高职院校的教室大致处在中学与大学教室之间的一个状态，即教室固定、摆设不固定，根据学生不同的课程进行布置。高职教育一般是大班上课，小教室较少。因高职教学课程分组讨论的可能性比本科院校要大，这样的灵活布置是符合实操性教学的。

高职院校教学楼还有一个趋势是将平面单元从尺度上向实训单元靠拢，期望将来方便改造为教学实训一体化教室。比如经管类实训室，进深 10 m，面宽 21 m，设计本是为了以后方便改造为前面讲课后面实训的格局（其实也是理实一体化教室不够的原因），但如果暂时用不上这样的教室，此类教室面宽过大，超前的设计一样会带来不便（图3-21）。

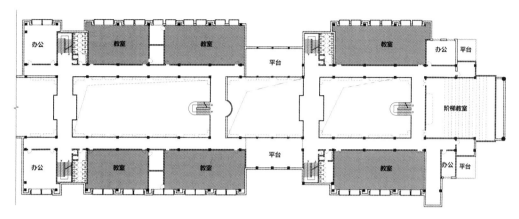

图 3-21　顺德职业技术学院教学楼

另外，教学实训一体化教学楼是现代化职业教育的新趋势，它将教学与实训有机融合，在同一楼内设置教学区和实训区，从而实现高效的教学和实践，在区域内整合教学、实训、储存资料甚至其他功能，避免了学生从实训区到教学区来回奔波，更加便利地切换教学与实践。整合了教学实训的一体化综合楼是高职院校的标志之一，有助于提升校园形象。这种做法是高职院校教学楼（实训楼）的一个发展方向。

3.6　学生宿舍

3.6.1　建设现状

根据《高等职业学校建设标准》，高职院校生均住宿面积是 $8\sim10\ m^2$。其实很多大学宿舍未能达标，高职院校作为"后发者"更存在这方面的问题。制约高职院校发展的较突出的矛盾是实训与宿舍。有的学校可以利用三班倒、晚上上课来提高实训用房利用效率，但宿舍却不能采用这样的方式，能住多少人是一个硬性指标，没有灵活调配的余地。高职院校分批建设新校区转移学生时多采用"宿舍先行、教室配套"的方法。另外，很多学校为了扩大招生规模，提升规模效益，多采取租宿舍的办法来解决学生住宿问题，校内的用地则用来兴建教学楼与实训楼。这是紧凑发展的一个有效办法。实际办学中各校都很重视学生的住宿环境，学校网站会将舒适的房间与外部环境展现出来，这是考生报考学校的一个重要参考依据。宿舍环境很大程度上影响学生择校，学生的数量当然会影响学校的办学效益。

高职院校在校生结构比普通高校复杂。目前大多数高职院校对不同年龄的学生宿舍空间一视同仁，但事实上中专生与高职高专生的居住要求有一些区别，如管理制度、生活方式不同导致宿舍空间的功能构成、空间尺度、居住单元模式、整体空间模式均有不同（如同中学宿舍与大学宿舍的区别），只不过是目前的宿舍设计尚未细致考虑到这方面的问题。

我国高职院校普遍实行"2+1"的教学模式，学生在前两年系统学习文化理论，最后一年顶岗实习，因此一般情况下高职院校有三分之一的学生不在校内，短则三个月，长则一年。这样来看，高职院校的学生宿舍有一定的空置率，可通过灵活调配得到高效率的宿舍运转机制。

高职院校除了中专与大专，还具备成人教育、培训考核的功能。一些培训人员会要求更独立、更完善的生活设置。高职院校的校办工厂与企业派驻的管理人员的生活区，应靠近实训中心，便于工作人员上班。这类生活区应采用与学生宿舍不同的管理方式。高职院校人员复杂，他们的生活与交往方式各有不同，对校园生活区的要求也不相同。年龄较小的中专生喜欢高中校园的学习与生活氛围，注重休闲娱乐活动；高职学生则喜欢适合思考与职业养成的空间；成人教育更需要便利的生活与学习条件。

设计应关注学校不同人群对宿舍的要求，设计簇群组团型宿舍群，形成多种组合形态，以便分组管理。设计中需要考虑未来使用和管理的便利性，为了方便学生的交往行为，设置了多个出入口。实际操作中校方为了管理方便而将这些出入口封闭，与之相连的交往空间丧失了可达性，没有发挥作用。户型设计中如果条件许可应尽量以"户"为单位安排企业人员、成人教育学院的宿舍，并适当提高建设标准。

3.6.2 学生宿舍作为实训场地

高职院校的学生创业的可能性比本科院校要大，如市场管理及财会就是实操性很强的专业，强调学以致用，因此学校提倡在校园内为学生提供创业的机会，宿舍区人流多且需求大，因此有的宿舍逐步融合校园服务功能，如常州纺织服装职业技术学院、宁波职业技术学院的学生宿舍都设置了创业街（图3-22）。这类创业街在江浙一带的高职院校比较多见，因江浙一带办学理念比较灵活，对这类创业街管理也比较到位。但广东较少出现学生宿舍用于创业实训的情况，当然这也有合理的一面，若管理经营不善或者荒废学业，则会对学生的学习生涯起到反作用。

图3-22 常州纺织服装职业技术学院和宁波职业技术学院创业街

对于管理人员来说，学生宿舍的管理确实是两头为难，"一放就乱，一管就死"是多个学校宿舍后勤部门反映的情况。高职院校应健全管理制度，严格按照制度管理，学生在学校的引导下在自己熟悉的地方开办小商店，增加创业经验，无须另外营造仿真环境，当然是一件值得推广的事情。设计中应预留一定的后勤服务用房。如常州纺织服装职业技术学院与宁波职业技术学院都设置了一两层的商业用房，学生日常购物也很方便。

宿舍功能的复合化应比纯粹的单一功能的宿舍更具备人文关怀。高职院校的学生花费大量的时间在实训工厂内操作学习，进行重复性的实操训练，与本科大学的学生相比有着更多的体力消耗，并且学习环境相对恶劣（操作机床的噪声、气味、振动），因此学生宿舍的环境布置、功能设置更应该注重以人为本，给学生一个充分放松身心的环境。

4.6.3 宿舍发展趋势

总体来说，高职院校宿舍的差别很大。宿舍的发展趋势包括配套学生服务用房建设。宿舍楼下的配套设施越来越多，比如文化活动中心、超市、咖啡馆等，让学生宿舍成为一个完整的社区。高职院校学生宿舍设计也越来越倡导多元化，满足不同人群的使用需求，这不仅是舒适和人性化的体现，更是为了满足不同学生的个性化需求，增强住宿环境的互动性和交流性。宿舍类别和趋势总结如表3-6。

表3-6 宿舍类别和趋势总结

类别	趋势	备注
人均居住面积	人均10 m^2	超过10 m^2，出现套内公共过厅的宿舍
宿舍功能	功能复合、承担实训功能	实训为部分管理及财会专业
宿舍空间环境	多层次的交往空间，以人为本的舒适度	更需加强人文环境建设和学生服务用房建设
宿舍使用管理	全日制学生、培训人员、中专学生等	按照具体管理要求设置簇群组团型宿舍群

第四章

结语——规划建设趋势反思及总结

- 4.1 校园建设过程及各方行为分析
- 4.2 规划设计展望
- 4.3 建设高质量发展的高职院校

4.1 校园建设过程及各方行为分析

4.1.1 学校建设需循序渐进

1. 避免冒进发展，坚持循序渐进的发展过程

大学城并非中国成熟的高等教育发展模式，循序渐进的校园协同发展过程更符合教育发展的规律。一拥而上的征地建设、攀比规模的高职院校建设也并非合适的模式。在人多地少的中国国情下，在学校相对封闭的现行教育体制的制约下，这种人为"大跃进"的理念究竟能在多大程度上实现？其更多的是政府需要强化城市发展新方向而推进的一种城市经营行为，脱离了教育发展的内在规律。世纪之交的高校大规模发展在未来很长的一段时间内不会出现，"大学城"式的建设并非国内发展高等教育的成熟模式，合理的高质量的发展才是高等学校发展的应有之义。

2. 制定更合理的指标体系

合理的评估指标是高职院校健康发展的关键。从某种角度上来说，高职院校发展的历史就是一个如何适应评估体系的历史，为了适应教育部的评估指标，各校纷纷投入大量资金建设校舍。我国的高职教育体系由两套不同的评估体系——教育部与人社部的体系组成，这两套体系差别很大（后者要求更低）。另外，我国地区差别较大，套用同一指标既无可能，也不现实。笔者认为，应深入调研高职院校的评估体系各子层级的数值与权重，由省一级政府制定评估指标更可行，最终需将教育部门与劳动部门的高职教育评估体系合二为一。

3. 积极主动推进校企合作及校企共建

由于传统文化的影响，大学教育蕴含着象牙塔的内涵，造成自我封闭意识较强，高职教育又必须走出学校，走向社会，走进企业，将校园的建设扩展到企业与社会中，这样才能建设符合职业教育目标的高职院校。大学精神的内涵应在高职教育发展的浪潮中得到扩展与充实。

4.1.2 政府积极引导职业院校发展

1. 避免资金取向型城市经营行为对高职教育发展造成的干扰

政府作为社会利益的集中代表者，是行政管理的核心单位。当政府面临财政资金入不敷出却看到征地的巨大收益时，就出现了以经营土地为核心的资金取向型城市经营行为。在城市经营理念影响下，高校新校区建设成为带动城市化的引擎。建设"资源共享、产教基地"的高教集聚区在一段时间内是政府加快城市进程、提升土地价值的常用策略。但是，学校的发展决策首先要符合《中华人民共和国教育法》与《中华人民共和国职业教育法》，然后要符合教育部门的教育规划方案与评估方案要求，最后应符合学校的制度需要。《中华人民共和国教育法》规定，教育规划应由县级以上教育行政部门管理，并对省教育厅、国家教育部负责，其他政府部门在职权范围内负责有关教育的工作。这个体系保证了教育规划的相对独立性，不受地方政府某种激进做法的影响。地方政府往往把教育规划与城市发展方向等同起来，将高校建设与企业招商等同起来，把教育法赋予教育部门独立规划的权力看作政府的管辖范围，往往由省市一级决定，教育厅局负责执行。这种做法违背了教育规划的相对独立性，忽视了办学规律，会导致校园发展的不和谐。

政府的城市经营行为源于1994年分税制改革导致的地方政府事权与财权的不对称，从而产生了以经营土地为主的城市经营行为。城市经营的成效表现在GDP上，政府政绩以GDP为主要指标。大学城实质上是一种城市经营行为，虽然在数量上满足了大众教育的需求，但也受到了城市经营行为的负面影响，要从根本上改变将高校发展作为城市经营的手段这一现象，以利高等教育的持续健康发展，就必须采取相应的对策使城市经营行为走上正轨,包括改革中央与地方之间的事权与财权分配、改革现行的土地征用制度(集体土地征地成本低,地方政府通过一级开发获利丰厚)和一次性收取土地出让金制度,并建立公众参与的城市决策机制。

2. 避免错误定位高职教育

应认识到高职院校的职业教育性质并非技术研发性质,更不是研究型大学。在国内众多的大学城中,很大一部分实际上仅是职教园区。职教园区的定位应在于产品的制造组装,即处于从研发到销售曲线中中端接近谷底的位置,而非产业链条前端的研发创新和后端的品牌营销。当然,我国目前的产业升级策略就是要通过研发高技术、高附加值,提升国际分工地位。产业形态不但需要研发与营销,更需要实体制造产业。很多头部的高职院校事实上已经进入了应用研究的阶段。政府肯定会将研发机构与高职院校集聚在一起试图获得知识效应,实现产业向前端或者后端移动,实现产业升级,但需要明白,大部分高职院校培养的人才重点不在研发,而在于生产。

3. 政府在高职院校建设中发挥正确作用

首先,政府发挥调控与引导功能,控制各校的办学规模,规模应成梯队设置,兼顾各地区差异,并鼓励企业通过行业协会积极介入高职院校的建设,推进现代产业学院建设。

其次,给学校与行业协会确定培养目标与课程设置的自由,进而对规划设计提供可操作的策略。政府应看到行业办学的积极性和产生的效益,制定政策让中介组织能够共同办学,这样更适合高职教育发展的特点,逐步形成一套成熟的办学机制。

最后,到一定阶段,政府会逐步放开高职院校的办学门槛,负责法规及政策的制定、实施与监督。企业与学校形成办学共同体,亦厂亦校的格局将得以形成,建设"校中企",或者"企中校",进入一个全面协调、高效发展的阶段。规划设计不适用的难题也会得到解决,资源得到最合理的配置。

4.1.3 企业积极推进校企合作

产教融合是当前高职教育运作的首要原则,也是企业参与高职院校建设的有效机制。然而目前的情况是,学校认为企业进校是为了追求利润,而企业则认为参与高职教育是一种社会责任,而非来自自身人才储备与开发的需要。这种被动式的企业参与方式不仅带来了企业参与校园建设的短视与不稳定,也存在着一些问题,例如追求利润第一会忽视教育,校企合作也往往是"企业冷学校热"。此外,学校联系企业进行实训,企业到学校"帮忙"进行实训,却始终没有建立一种互利互惠的制度保障,使得现有的校企合作机制仍需要不断完善。

因此,政府部门积极引导企业参与校园建设,建立具有灵活性和高效性的企业参与办学机制。理想的运作状态应是政府为引导与保障者,企业与学校为办学者,社会团体为协调监督者,这样各司其职,能产生适应我国国情的"双元制"职业教育。2022年颁布的《中华人民共和国职业教育法》推动了校企合作的跨越发展。如果企业能够在一定程度上以办学者身份介入高职院校的规划建设,并获得人力资源储备的优势,那么就能够直接影响到其自身利润与发展的情况。这也意味着,支持企业全面介入高职院校规划建设的战略不再是纯粹的口号和理论,而是具有现实的可行性和实际的效益。同时新型的校舍建设,比如服务企业的实训综合体(江浙一带高职院校企业共建教学实训综合楼),形成了一种创新的模式。广东、山东等省份目前正在推进的现代产业学院其实已脱离了职业教育层次,是我国探索制度化引导下的产教融合校舍新形式。企业以办学者身份介入高职院校规划建设能够充分调动各方积极性,优势互补,合理配置资源,也将为当前大学校园规划设计的理论研究带来全面深入的视角。

4.1.4. 规划设计需针对高职院校特点

高职院校规划设计要符合以下要求,才能实现协同发展。

首先，功能与经济需求是规划设计的基础要求。只有满足学校的功能需求和经济需求，才能更好地协调"知"与"行"。一些高职院校已经在此方面做出了努力，从实际需求出发，对未来发展进行准确定位，合理安排实训，并预留足够用地。

其次，规划设计要研究职业院校教学规律，并采用灵活、有弹性的规划理念，建立多方参与的过程式校园规划机制。不能直接套用本科研究型大学的设计模式，而应根据学校的实际需求，逐步规划，并注重校舍形态的创新。

再次，应该看到高职院校的社区化趋势，服务社区同样是一个重要的发展方向。从社区培训、企业实训等方面考虑，高职院校比普通大学更具有社区化和都市化的可能性。

最后，校园规划设计也应该重视高职院校的人文地域环境。大学与文化共存共生，因此需要加强校园人文环境建设，在学校的文化感、历史感和荣誉感等方面加强建设，让高职院校更加具备文化传承和创新的能力。

4.2 规划设计展望

4.2.1 适应功能需求

1. 合理配置学校资源

改革开放以来，中国社会走向是追求效率，兼顾公平，因此校园办学效益是教育的主要价值取向。效益最大化是推动校园发展的重要动力，切实降低办学成本是关键。教学成本包括师资成本、基建成本和土地成本。基建成本和土地成本反映在校园规划建设上有三点。第一，办学资源的合理配置。其中包含了土地的来源与选址、土地的开发使用强度、建筑各功能区面积的合理配比。第二，校内交通效率的提高。校内用于交通的时间不宜过长，校内外通勤的时间也不能过长。第三，加强校企合作的灵活性，共享办学资源。

2. 具备弹性及适应性的校园规划结构

在影响校园规划结构的因素中，功能块之间的关系起着重要的作用。以往校园规划皆从几大功能分区出发，将教学区、生活区与运动区三大功能区成品字排列，当然有其合理的一面，但也必须了解到当代高职院校功能布局更加综合化、空间结构更加集约化，重视交往空间，重视校企合作空间，需要探索多样化的布局形式，如综合开发教学用地、实训中心区域的混合功能、校内设置厂区等发展趋势将为传统校园结构带来改变。如新加坡"教学工厂"式的职业教育，学校的所有教学过程尽可能模仿工厂的工作环境，更像是在工业区内设置了校园，提高了学生对未来工作的适应性，改变了传统大学的规划模式。

3. 探索校舍新形式

从狭义上来理解，高等职业学院校舍是指《高等职业学校建设标准》内的十一项校舍，从广义上来理解，则包含了大学园林、运动场地、校外实习场地及社区机构。高职院校办学历史短，国家示范高职院校从 2005 年才开始评选，2019 年国家才颁布建设标准。学界对于高职院校的建设规划研究尚处于摸索阶段，因此有很多不同的做法，高职院校校舍的范围还需要扩大：一是高职院校的发展并非直接进入"大学"阶段，校舍建设有着更复杂的背景；二是高职院校与生产企业之间的密切合作已经产生了新的校舍形式，如建设在企业内的现代产业学院；三是高职院校融入社区后的校舍新形式。这些校舍形式目前已经有学校探索并建成。企、社、校一体化新校舍形式是日后的一个趋势。

近年来，广东、山东等省份大力推进现代产业学院建设，推进职业本科与应用型大学的对接合作。某种程度上，现代产业学院是"双元制"校舍在我国职业教育中的表现，加速推进了产教融合，这类校舍由高校、政府、企业共管共建，可以设置在企业园区，也可以设置在学校。其突出特点是紧密联系产业，是产学研一体化的综合型校舍。目前对这类校舍在功能、指标、形态方面的研究较少。

4.2.2 建立多元化及开放的校园形态

1. 高职院校的校园形态更加多元化

不同行业的高职院校的校园形态不同，校企合作会注入更多的企业需求，进一步影响校园形态的发展。相对于普通大学来说，高职院校的校园形态差异性更大，更加多元化。未来，高职院校将不仅仅面向产学研，还将成为培育社区机构的场所，积极培育非营利的、介于政府与市场之间的社区机构，这是中国社会稳定发展不能忽视的一部分。

建立多元化的校园形态弱化了校园规划中的等级秩序，转向多元的校园发展状态。高职院校的发展体现了这一特点，一方面是由于各地经济和产业的布局不平衡，另一方面是高职院校较强的专业针对性形成了多元的形态。高职院校在发展中已经不再强调校园的单一秩序和整体性，更应该着眼于它的丰富性和复杂性。因此，高职院校在发展过程中很可能会形成多中心的网络结构。

2. 走向更开放的高职校园

开放性是当今大学的重要特征之一。随着生产力的高度发展、经济文化的广泛交流，社会越来越需要开放的环境，大学校园也需要保持开放性，以促进创新发展。

多元化的校园形态是实现校园开放性的重要手段。在未来，高职院校可不设校园边界或设开放式校园边界，促进校园与社区、城市的合作与交流。在校园建筑形态上，高职院校可采取开放自由的设计，打造多间教室、多个广场和休闲区域，以便学生自由地交流和学习。在教学空间与社会空间转换方面，高职院校可以开发更丰富的实践类型，让学生和社区居民能够在校园中与社会进行密切的互动和交流，提高开放性和创新性。

4.2.3 建设人文主义与绿色低碳兼顾的职业教育环境

1. 人文主义的高职校园规划

现代职业教育定位现实，注重职业素质的养成，但不应忽视教育的基础目标——完善人格。职业教育具有显性的经济功能，也具备隐性的非经济功能，是功利性与非功利性的统一。高职院校历史较短，往往只看重短期的办学效益而忽略了长远性，容易在实用主义的职业文化中丧失校园人文精神。因此，职业院校的人文素质培育显得更加重要。

高职院校首先应树立学术环境育人的理念，推动职业与人文的和谐统一，也就是"知"和"行"之间的平衡统一。其次，挖掘和延续原有校园的办学历史，打造一个富有人文底蕴的职业教育机构。最后，积极从社区文化传统中汲取营养，融合当地文化特色，丰富校园文化内涵，培养学生的文化素养和社会责任感。

2. 建设绿色低碳的校园环境

目前我国有3000多所高校，高校是节能减排的重要场所，在校园规划建设中，应合理利用自然资源，达到校园物流和能源的动态平衡，减少能源排放，满足绿色建筑节地、节水、节能、节材的要求。首先，要考虑校园的地域性与文化性，科学规划，合理布局，考虑采取地源热泵、用水循环、海绵校园措施。其次，校园建设的人文情怀与职业环境养成要与育人功能相结合。最后，校园要尽量实现生态园林化，营造绿色低碳的职业院校环境。

4.3 建设高质量发展的高职院校

高质量的建筑设计应充分把握"两观三性"的原则，即设计的整体观与可持续发展观，时代性、地域性与文化性。具体说来，建筑的时代性是建筑所传达的时代精神，作为现代建筑就应体现现代科技的进步和当今社会的审美观。建筑的地域性就是区域的自然环境与人文环境，包括当地的历史文化背景和具体地形、地貌环境。如广东省亚热带地区的地域特征是孕育岭南建筑风格的主要依托。建筑的文化性即建筑作为一种文化，是物质文明与精神文明的产物，是建筑所要表达的精神内涵。一座优秀的建筑应该具有高尚文化品位和优秀地区文化特色。优秀的建筑创作不但要满足基本的功能需求，还应体现浓郁的时代气息，地域环境的特征和较高的文化品位。建设高质量发展的高职院校包括以下原则。

首先是主次矛盾的观念。建设设计中必须抓主要矛盾，仔细分析全部条件与各种制约因素，反对不分主次和多管齐下的设计方法论。研究的主要方法就是抓主要矛盾，提出问题，研究内因与外因，找出发展进程中的决定性因素。无论是功能、形态还是文化地域，都必须抓住主要矛盾。我国高职院校发展很不平衡，面临着新时期校园建设的转型问题，很多学校办学管理观念不够灵活。高职教育发展的内因是学校急于发展，外因是政府与企业。主要矛盾存在于校企合作与办学主体之间，解开了这个主要矛盾，我国高职院校建设将迈上一个新台阶。

其次是整体的观念和大局的观念。要突出重点，服从大局。高职院校发展过程复杂，但可以看到主要因素决定的大局是现阶段的重点，其他因素将服从于大局的进程。我国高职院校整体发展是好的，但也出现了一些不合适的因素，如优惠政策造成教育资源的无序竞争，决策朝令夕改，都使得正常发展中的高职院校在这些因素作用下突然转向。

再次是运动的观念和发展的观念。一切事物都不是静态的，任何规划、设计和建设都不能套用一种模式。高职院校发展必须吸收有益营养，开拓视野。建筑设计的精髓在于兼收并蓄，"他山之石，可以攻玉"。应认真参考经济发达地区高职院校的政策与做法，结合地域与产业特点，形成新时期中国高职院校新风貌。

最后是时代性、地域性和文化性相结合的观念。建筑应符合所处时代的精神，建筑应对地域的特点作出响应，建筑应具备一定的文化性。高职院校的建筑时代性有余，而地域性、文化性不足。高职院校校舍要对区域优势产业特点、地理气候、校园历史文脉进行详细分析。大学校园建筑除了满足功能和经济方面的要求，也要具备文化品位以满足人们的精神需求，做到校园文化的传承与创新。

当下我国产业升级和经济结构调整不断加快，各行各业对技术技能人才的需求迫切，职业教育的重要地位和作用凸显，更需要培养数量庞大的专业技能队伍，让教育链、人才链与产业链、创新链有机衔接，为建设现代化经济体系、实现高质量发展提供坚实支撑。在全面建设社会主义现代化国家新征程中，需要实现高等教育内涵式发展，建设高质量教育体系，职业教育前途广阔、大有可为，职业院校规划设计也大有可为。

参考文献

[1] 何镜堂.当代大学校园规划理论与设计实践[M].北京：中国建筑工业出版社，2009.

[2] 杨东平.2020：中国教育改革方略[M].北京：人民出版社，2010.

[3] 徐国庆.实践导向职业教育课程研究：技术学范式[M].上海：上海教育出版社，2005.

[4] 石伟平，匡瑛.比较职业教育[M].北京：高等教育出版社，2012.

[5] 俞仲文.高等职业技术教育实践教学研究[M].北京：清华大学出版社，2004.

[6] 蔡凌.中国近代大学校园与建筑[M].北京：科学出版社，2019.

[7] 宋泽方，周逸湖.大学校园规划与建筑设计[M].北京：中国建筑工业出版社，2006.

[8] 清华大学建筑学院，同济大学建筑与城市规划学院，重庆大学建筑与规划学院，等.建筑设计资料集第一分册[M].3版.北京：中国建筑工业出版社，2017.

[9] 中华人民共和国教育部.高等职业学校建设标准[S].建标197-2019.北京：中国计划出版社，2019.

[10] 中华人民共和国教育部.普通高等学校建筑面积指标[S].建标191-2018.北京：中国计划出版社，2018.